楊善茜——著

北一女中數理資優班教師
104年教育卓越銀質獎

從「發想」到「發表」的
探究實作指引

像做科學家一樣專題研究

各方推薦

「善茜老師深入淺出地介紹如何從『探究與實作』尋覓科學研究之路。書中列出很多祕訣和必要的步驟和策略。我覺得最寶貴的是如何學習時間管理，這也是一個科學家必須要有的本領。請相信楊老師！」

—— 中央研究院院士、中央大學天文所教授 葉永烜

「在資訊與知識產生速度暴漲的時代，主動思考，隨時對未知事物能夠一探究竟成為國際人才培育的潮流。獨立研究的課程在綠苑資優班行之有年，楊善茜老師以自身的科學研究經驗與科學教學功力，孕育了這一本中學生能夠自主學習的參考讀物，以接近學生的溝通交流角度鉅細靡遺地剖析呈現學生進行專題研究的各個方面，是值得放在手邊的參考書籍，讓學生在閱讀過程中知其然也知其所以然，體驗人人都是科學家。」

—— 國立臺灣師範大學物理學系助理教授、國立臺灣師範大學
師資培育學院組長 陳育霖

「與善茜老師初相遇於105年吳健雄科學營，被她邏輯清晰的提問與切中問題核心的犀利震攝住。身為自然科老師我們學會怎麼教學科專業卻沒有人教我們怎麼帶領學生進行專題研究，相信你閱讀後能功力大增並找到對上頻率的心有戚戚焉！」

—— 國立中興高中教師、資優教育推行擁護者 李欣珮

「科學素養及科學研究的基本方法就是勇於探究、設計實驗找答案，以圖表呈現其中的變因關聯性。本書切中主題，並深入剖析科研的必要方法，佐以清楚易懂的實例，讓人明白科學研究是如何進行？科學又是如何

表達出來？本書適合想做科學研究的師生共同研讀，相信定能成功做出科研好作品！」

——國立興大附中教師、2020 年全國科展地科及環境科學
第一名作品指導老師　林士超

「善茜老師擁有的教學魅力與嚴謹的研究基礎，是完成這本書的關鍵。科學不是只在口頭論述辯論而已，需要踏實完整的立論技巧、不同層次的引導想法。此書非常適合在新課綱中，提供學生的自主學習和老師的專題課程使用。」

——臺中市立惠文高中天文臺臺長、教師、地球科學學科中心
種子教師　吳秉勳

「想做科展嗎？快來看這裡！就像名廚公開做菜的大祕笈，經驗豐富的阿茜師也公開做科展的大策略！你若煩惱如何讀文章找靈感？如何玩靈感變出創意？如何發揮創意構思方案？如何執行方案參加科展？看完本書，再也不煩惱。」

——110 年師鐸獎得主、臺北市立北一女中化學教師　周芳妃

「本書是高中教師多年實務經驗談，對於專題研究各階段，學生可能遇到的問題都有相當程度的說明與範例引導。無論是學生自學，以之為引導脈絡；又或者高中教師用以印證、查缺補漏『探究與實作』課程設計脈絡，都是很好的一本書。」

——高雄市立高雄女中教師　張家齊

「想當科學家的同學值得珍藏的一本書，中學生從選題開始到如何進行研究，甚至連如何求助，這本書裡都有！」

——國立嘉義高中教師　黃冠夫

「引導學生進行科學研究的艱難，每個自然科學老師有不同的體會。這樣的體會需要經驗累積，是寶貴的教育智慧；能把這樣的智慧有系統地自我剖析，需要有超群的意志力與自我覺察；要把這樣的覺察分享給同業及廣大的讀者，需要有對教育的熱情與愛意。這三者皆具的難得交集，就在善茜老師的這本大作中具體展現出來。推薦給大家！」

——臺中市立臺中女中教師　劉承珏

「善茜老師將自身多年指導學生專題的經驗清楚地記錄下來，無論是進行專題初入門的師生、抑或是指導專題多年的老師，都能從本書中得到研究方法的引導或啟發。對於自主學習計畫的擬定或實作中毫無頭緒的學生，更是值得一讀的好書！」

——新北市立板橋高中教師、地球科學學科中心種子教師　劉麗純

作者序

　　一個人的成長歷程，大多是先學會爬，再學會跑跳。然而面對未知的未來時，仍舊茫然不知所措。如果大千世間精采萬分如主題遊樂園，可不可以先給我一張全園攻略，外加各秀場演出場次，以及每一個轉角所販售的限量紀念品。讓人知道可以不用一大早就開始傻傻在入園大道等待下午才上演的花車遊行，讓人知道花費大把時間排隊等待雲霄飛車是值得的，而且也不會因此錯過紀念馬克杯。

　　透過科學研究的過程可以學會有效率地閱讀與表達，可以促使自己思索造福人群的方向，可以鍛鍊克服低潮跟困難的心智，這個主題樂園的經歷可以帶給你難忘的經驗，就像遊樂園的美好回憶。而這本書試圖緩解你面對未來的焦慮，讓你在人生路上的每一個決策更加篤定。

　　每一個人的成長經驗都是獨一無二的，觀察與聆聽別人的故事，我發覺自己很幸運可以在很年輕的時候跟著資深前輩近身學習，還有機運讓我能夠在世界一流的中學任教，每一年持續與許多青春美妙的生命相互激盪。

　　我的天氣學是向俞家忠老師學的，跟許多氣象主播和氣象局預報員一脈相承。俞老師是全臺最資深的氣象將軍，也是中華民國第一張民間氣象預報執照領取者「財團法人氣象應用推廣基金會」的董事長。身為基金會的工讀生，跟著俞老師回答廣大民眾各式各樣的氣象問題，老師總是說：要為氣象界貢獻。老師已經離開我們15年了，我想也要為科學教育界做出貢獻。

　　不知道你有沒有回母校的經驗？剛畢業時是回去看學妹，認識的學妹畢業後，再回去看的是老師，到後來老師也都退休了，再回去看的是教

室，再後來教室也改建了，這就是我所經歷到的。這其中最衝擊的是老師的離開，而我也是身為一位老師後才明白，如果當年我有什麼美好的學習經驗，很大一部份來自師長用心的課程設計。

一位全心全意培育學生的老師，有時很難斜槓地去把自己的教學內書寫、記錄下來，每一個老師數十年的教育生涯，都帶著或多或少其所建構且經歷教育現場千錘百鍊的知識體系。任何一位老師的離職，都是校園智慧巨大的損失。我的國中地科老師是在越戰中受傷回臺轉任教職的白廷臺老師，老師說：善茜聰明，更難得的是貼心。如果我也能累積一點什麼，那麼我想把它們寫出來，寫這個時代需求下的學校教育。

中學的自然科學老師為數不多，要教課、要指導自然科學術性社團、每年要培訓學科能力競賽的選手、要指導學生進行研究參加科展十分忙碌。不是每一間學校都有設置數理資優班，也不是每一位老師都有年年指導專題研究的經歷。我的機遇讓我在一女中11年來，每年指導專題研究的學生；我的學生很優質，我也沒有太懶散，所以能夠累積很多種類的參賽指導經驗。

新課綱多了「探究與實作」這門課，小論文的撰寫被重視，微專題的進行也越來越被留意，越來越多老師跟善茜一樣的忙碌了。想想或許我能夠寫一本在忙碌教學生活中，所整理出來的系統性作法，幫大家緩解適應期的忙亂也節省時間。新一代的養成教育總是馬不停蹄，教育改革也是每逢十年又會再現，調適期是免不了的，但是我們可以縮短它。快速換檔之後，急速在新時代中奔馳下去。

感謝過去這幾年來我的每一位專題研究生，謝謝妳們這麼用心學習，能夠教到妳們、教會妳們，都讓善茜越來越穩健，越來越有自信，因為看著妳們的茁壯，讓我知道自己的教法是可行的，自己是一個有用的老師。

感謝過去接受我們邀請，陪伴我們一起完成專題研究的高等教育的教授群。（依服務單位筆畫排序）文化大學洪夢白教授、中央大學葉永烜教授、黃崇源教授、楊雅惠教授、清華大學江國興教授、臺灣大學陳正平教

授、林銘朗教授、沈川洲教授、林曉武教授、謝志豪教授、王佩玲教授、張明輝教授、廖國偉教授。沒有您的參與，這一切是無法由一個只受過中等教育師資培訓的老師來達成。

曾經我也以為我自己是怎麼念碩士學位的，就照樣叫我的高中學生去體驗即可。感謝我的論文指導教授陳泰然老師當頭棒喝，讓我知道一個22歲的人的學習經歷，不能直接複製到16歲的人身上。我的老師指導我論文，也提醒我要為學生搭建完成科學文章發表的鷹架。臺灣師範大學持續興辦許多在職進修課程，感謝特殊教育系陳偉仁教授在資優教師學分班中鼓勵學員，將指導學生的教材和教育理念編成手冊，那是促成本書的前身。

善茜的許多教學經驗能夠更具體地轉化成教學策略，都要感謝資優教師學分班許多師大特教系教授們的指導。感謝我的高中地科老師，吳育雅老師與金若蘭老師，跟著老師學習與共事的過程中，都不斷滋養鞏固著我的教學理念，如：對學生有益的事我們就去學、讓學生從閱讀中發掘興趣、善用網路資料庫資源、聽完學生報告一定要給具體的稱讚、參與會議一定要發言並提出建設性的建議等等，我十分想念妳們。

我自己高中參加地球科學社，社長的爸爸王鎮華先生在38年前送她一段話：「……我答應你一個清新可喜的社會」。這本書留著我對過去師長的思念，以及我對下一代的期盼。最後，謝謝我的家人，祝福我的孩子。

楊善茜 2021.12.25

CONTENTS

聚焦，就是不斷縮小再縮小／透過閱讀深化知識／閱讀資源／各類科學活動要求／判讀資料的可信度／閱讀報告：學習拆解並歸納一篇科學文章的內容／延伸思考：「看不懂研究方法」的陷阱／列出關鍵字／至少閱讀三篇主題相近的文章

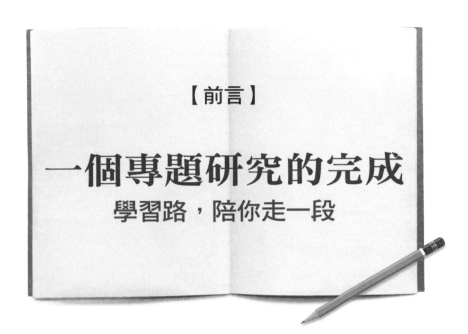

【前言】

一個專題研究的完成
學習路，陪你走一段

　　108課綱在高中自然科多了一門新課程，稱作「探究與實作」，具體學習內容包括「發現問題」、「規劃與研究」、「論證與建模」以及「分享與表達」。

　　探究與實作課可視為「迷你版」的專題研究課，於是有不少認真的高中老師，將微專題納入他們的探究與實作課堂當中。

　　微專題，就是微型版的專題研究。什麼叫做專題研究呢？你可以把它視為設定一個專門的議題，然後去研究它，就好像自問自答的擴大版問題。

　　藉由完成專題，讓學生學習解決問題的能力。這是跨領域的、以學生為主體量身打造的一門課程。在新課綱上路後，每一位中學生都可以在探究與實作課程中有深淺不同的體會。

　　本書主要是教學經驗的分享，不論您是想了解高中自然科專題研究如何進行的高中生、家長與第一線教師，還是想蒐集發展探究與實作靈感的

教學工作者，或是考慮加入數理資優班的同學們，希望本書可以滿足您的好奇心。

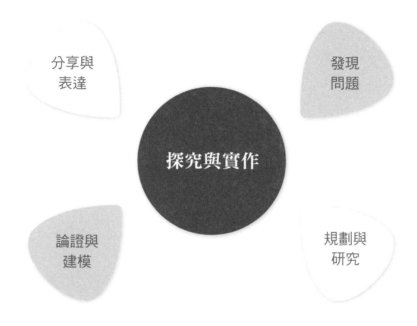

探究與實作課的學習內容

　　阿茜師指導學生進行專題研究11年了，視修課學生人數多寡而定，有時候會同時指導8位同學，有時候只指導一位學生，不過每一位學生，大約都會有2~3年的陪伴時間，陪一件作品從無到有完成。本書與大家分享阿茜師指導專題研究的經驗，並舉出學生的作品為例，來輔助說明。

　　本書架構，大致上依照教師指導學生研究的階段依序陳述。單元1談題目聚焦、單元2談題目訂定、單元3談研究方法、單元4談外部資源引入、單元5談深入探究、單元6談分享表達、最後談失敗與謙卑。

　　既然名為「專題研究」，題目顯然具有專門性與獨特性，而不是樣版練習題。不過，科學研究也絕不是全然天馬行空，研究過程是非常重視架

構的。

　　有既定鷹架，萬丈高樓也不用害怕從平地蓋起。於是單元1談論的就是如何將題目聚焦出來。首要就是從閱讀書報出發，而且重點在於透過閱讀與觀摩去認識以及掌握所謂的科學文章的架構為何，這是一切的基礎。

　　單元2會藉由引入商業模式中的策略思考技法，來協助同學們將聚焦出來的研究方向，塑造成更加符合個人特質的獨特研究題目。

　　書中提及的技法不是唯一，只是拋磚引玉，為大家開啟一扇窗，十分鼓勵同學們若有機會，可以多方涉略策略思考相關的書籍和新知，輔助自己在定奪人生未來各項決策時，有更全盤且務實的評估過程。

　　單元3要為各位介紹研究方法，這是博大的領域。社會科學領域、自然科學領域或其他領域，研究方法可說千變萬化。雖然篇幅有限無法一言概括之，但本單元會帶著大家走一趟科學方法的來時路，先基本瞭解定性分析到定量研究、從實際測量到理論一步步樹立的過程。即使研究方法各式各樣、叫人眼花撩亂，還是要回到各位中學階段能夠把握的項目。

　　不過這並不是說中學生只能夠做定性，不能做定量；也不是說達不到建立模型，只能夠統計歸納。更不是說只能做生物觀察，不能做生態調查。只能做月相記錄，不能做宇宙模擬。究竟如何做到？我們會談到利用「動機—目的—方法」這三點一線的心法，將中心主軸抓穩，穩健踏實的進行研究。

　　單元4談論到外部資源的引入。做研究是要花錢的，做研究也是燒腦的，做研究更不是單打獨鬥。除了在研究完成後參加競賽爭取獎金，現在有更多機會是提出構想與實驗設計藍圖，就能申請獎助計畫，協助你逐步完成研究，更引薦同領域的專家學者供你諮詢。

　　在你逐步邁向自我獨立進行研究之前，不只有高中老師陪伴，更可以尋求大專與研究機構的專家協助。科學是一個打破校園圍牆與國界的大家庭，只要你有好點子，可以說全世界都會來幫助你。當然，你也要學會清楚表達構想，用你的企圖心說服專家學者，撥出時間陪你一起走這段科學

攀峰的上坡。我們會一步一步地跟大家分享如何寫一封不容易被大學教授忽視的邀請函。

　　單元5將與各位談一談如何深化研究。各位的人生路才剛開始，科學的工作經驗可能也很少。要怎麼在中學階段先開始一份專題研究，在過程中逐步拓展與加深，這不只是挑戰自我極限，也是比同年齡者在漫漫長路上的超前部署。

　　前面幾個單元提到科學文章架構的重要性，它幾乎是放諸四海皆通，所以若想要在科學領域優游，越早熟悉科學架構，越快能駕輕就熟地馳騁。

　　另外一個科學成果能夠全球流傳的關鍵，在於重要的研究結果是用英文撰寫。如果你立志向學，就算不出國，早一點開始熟悉英文的學術用語、用法，不只讀的文章夠新也夠專業，一起跑就領先一大段。此外，現代的科學工作者，除了要互相合作之外，如果能駕馭電腦，很多耗時的工作可以使喚電腦為你分憂解勞，但前提是得學會程式語言，才能對電腦下達正確的指令。

　　單元6的主題是分享與表達，在技術層面上，仍然是要活用科學文章的架構來撰寫科學作品報告書、科學海報與口頭簡報檔案。如果你對科學領域的受眾越了解，你越能夠掌握怎麼樣的表達才是深入淺出。

　　一個貼心的發表者，要站在對方的立場，回頭思考自己應該要交代哪些重要的推論環節，使聽者能夠在短時間掌握你的研究核心。一個貼心的發表者，要選用有效率的圖與表來呈現研究的結果，使人一目了然。一個貼心的發表者，要預想到對方可能的疑惑與好奇，在分享的過程中讓聽眾心滿意足，要讓對方打從心底認同你的研究價值。能力強的發表者，可以讓自己的研究很順利地傳進聽者的內心與腦中，而不是只在意怎麼讓自己成為聚光燈下的主角。

　　最後的結尾，談的是「失敗與謙卑」。如果你要一眼看到壯麗的全局，就得讓自己待在角落。當你縮小自己，所見的世界就很浩瀚。就像天

文學的發展過程，是不斷「邊緣化」的歷程。起初人們直覺以為地球是世界的中心，後來才知道是我們繞著太陽轉。又過一陣子，發現太陽系在整個銀河系的邊陲，並非核心。但每邊緣化一次，將自我推離中心，就減少一些自己視角的局限；讓自己往外，瞧見更廣闊的視野。

現代宇宙論告訴我們宇宙在加速膨脹，每個星系之間的距離都在加速拉開，整個宇宙會越來越荒瘠。我們看到的，終究是我們測量到的，而我們的測量是有限的，我們能夠理解的也有限。帶著這份謙卑與謹慎，我們才能在這條路上持續克服失敗，滿足一個又一個追問。

成長需要花時間，困頓與一籌莫展之後的豁然開朗，會給人真實且持久的歡愉，這是阿茜師心中的「快樂學習」。它裹著一層苦。吃過這種苦而有所收穫的人，看到年輕後進勇於挑戰，有時候會覺得應該也要放手讓年輕人自我摸索。

然而，苦盡甘來的人，有時會忘記吃苦時的自己，或是比較單一的認為就是把吃苦當吃補。成年人多半有更穩健的人生觀跟自癒能力，但面對中學生的你，如果只給對方苦頭吃，完全放逐對方在茫茫學海中求生存，學生很有可能要不餓扁、要不就是消化不良。總要教學生捕魚的技巧，以及何謂均衡的飲食，也就是研究的方法與閱讀的廣度，學生才能好好享受這人間的知識饗宴。

有人說教育無他，唯愛與示範。阿茜師寫這本書，希望把已知的科學研究架構告訴大家，將可能需要留意的地方寫出來，分享我實施過、對學生完成專題研究有幫助的教學設計。我不是採放牧式來指導專題研究的。然而甫任教職的我，曾經也只不過是一個苦讀而小有成的成年人。如果不想要單單讓學生複製我過去在研究所期間獨自摸索的研究經驗，我就得把自己研究的過程跟方法分享給學生。

我告訴學生找到題目的方式，就是多讀科學期刊雜誌。我教導學生怎麼分析比較所閱讀過的文章，來擬訂適切的題目。我叮嚀學生回頭去留意所讀過的文章中怎麼介紹研究方法。我告訴學生怎麼找資源，要求學生多

練習。陪著學生跌倒再站起來。就像小時候餵我們吃飯、牽我們過馬路的主要照顧者。他們其實不只是在幫我們完成食衣住行，也是在示範怎麼使用餐具以及遵守交通規則。

　　不管身為父母或是師長，總希望有一天孩子能夠獨立長大，但是在那一天到來之前，教養應該是一段「先手把手，再逐漸放手」的過程。期許在研究路上，本書能幫助你走得更加順暢。

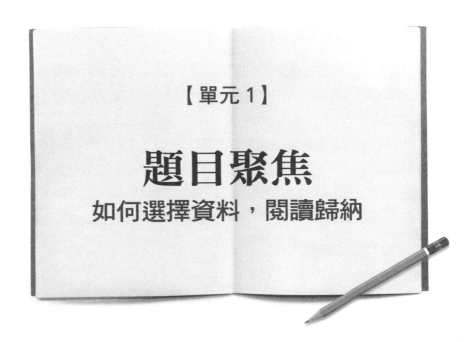

【單元 1】

題目聚焦
如何選擇資料，閱讀歸納

　　當你準備進行研究，或是告訴別人你啟動了一項研究工作。第一個追問必然是：你要做的是什麼研究呢？

　　你可能會說：「我要研究人。」或者說：「我要研究地球。」但應該很容易被進一步再問：「你要研究地球的什麼呢？」是地球的形狀嗎？這件事情過去曾經爭論過，但現在人們幾乎已經有共識了。那麼是地球的大小嗎？這在以往是一個重要的議題，藉此展開過一系列的探險探測任務，不過也大致有了答案。還是你要研究地球的重量？地球的組成？

　　這就牽涉到本單元的主題：學習怎麼讓你的研究聚焦，成為一個清楚、具體，且有研究意義的題目。

聚焦，就是不斷縮小再縮小

　　聚焦，顧名思義，就是縮小、凝聚在一個特定的研究方向上。如果一

個研究題目太過廣泛，對讀者來說，其實是沒有太多價值的，因為它就像是閒聊，大家都可以談上幾句，又何必費勁深究呢？

題目聚焦的重要性，首先是凸顯本身的獨特。不聚焦，無法分辨這個研究與過去的研究有何不同。已經做過的研究，再做一遍是學習、是演練，不是開創研究。

另一方面，題目聚焦對於研究者來說，也是一種自我肯定與興趣的確認。找到確定的方向，更能說服自己，這是一個值得去好好理解、廢寢忘食鑽研的主題。在撰寫研究計畫時，也更可以說服對方，給予我們需要的時間、空間，甚至爭取資金與外部協助，讓我們的研究可以做得更好。

題目聚焦該從何著手呢？先帶大家看一段阿茜師指導學生時經常出現的對話。

學生：阿茜師！阿茜師！我想做黑洞的研究，你可不可以當我的指導老師？

阿茜師：你要研究黑洞的什麼？

學生：就黑洞啊！不是恆星、不是行星、不是彗星、也不是小行星，老師我的目標很明確。

阿茜師：請問你是要研究為什麼會有黑洞，也就是黑洞的成因？還是黑洞的應用，也就是時空旅行？還是要觀測到黑洞，或是對黑洞進行測量，標定出黑洞在哪裡？或者是黑洞的其他？

學生：都可以。我連題目都想好了「酷炫黑洞之解密」。

阿茜師：你為什麼會想要研究黑洞呢？

學生：就那天看了一個youtube影片，超級酷！有夠炫的。

阿茜師：影片說了什麼？

學生：就說因為重力塌陷，所以恆星後來會形成黑洞，然後……

阿茜師：黑洞的成因已經被影片說明了一部分。嚴格來講，這只是你的一個好奇心啟動，在網路搜尋並自我學習與理解一些知識，這還不是真正的研究。如果要研究，你還想繼續研究黑洞的成因嗎？

學生：嗯……那改做黑洞的觀測好了。

阿茜師：你想測黑洞的什麼？黑洞真的是一個洞嗎？是圓的洞嗎？洞有深淺之分嗎？洞口有大小之別嗎？黑洞會像漩渦一樣旋轉把物質吸進去嗎？

你會上網看影片學習，這種自學與蒐集資料的能力可以善用。再去多讀一些有關黑洞，特別是觀測黑洞相關的書籍，或是圖書館裡面科學類雜誌的文章。下次再告訴老師你想研究黑洞觀測的哪一種項目。

透過閱讀深化知識

以前面這位想要研究黑洞的學生的例子看來，她一開始只是單純從字面上看待「黑洞」這個研究對象，「研究」一詞對她來說，只是「了解定義」的意思而已。因此，阿茜師給學生的建議是：透過大量閱讀、廣泛閱讀，有助於一個門外漢漸漸從外行走入內行。

每一個專有名詞，都是濃縮無數相關研究成果之後的代稱，當你進一步去閱讀相關研究，你對黑洞的理解就會越深，例如：

- 黑洞是一個重力場很強的地方，不是一個空間中的破口。
- 學術上會用質量去描述黑洞，而非大小。
- 光線明明是沒有質量的，卻會被黑洞因質量大而「吸引」進去，這是因為強重力場造成空間扭曲，而光只不過是順著空間的形狀傳播罷了。
- 閱讀更多資料後，會明白學術上將黑洞依據質量劃分為超大質量黑洞、中質量黑洞與恆星等級黑洞。
- 黑洞周圍能散發出X光，因此人們得以藉由X光的觀測來推論黑洞。

漸漸成為內行人之後，再來看看這個曾經獲得全國科展特優作品的研究題目：「**以 X 光與宿主星系探討遙遠中質量黑洞候選者之性質**」。你也就有科學欣賞與品味的眼光，知道這個作品在整個黑洞觀測領域的科學貢獻與價值。

一個聚焦的題目，往往不是一蹴可及，需要時間摸索，但絕對是值得的！有時在科學展覽競賽過程中，只要先有一個好的題目，就佔了一大部分的優勢。

閱讀資源

1. 教科書與科普書

多閱讀，第一步還是從教科書出發，教科書基本上就是各類、各領域的專有名詞百科全書，且經教育部審查通過，正確性最高、最為可信。

另一方面，你也可以參考市面上的科學普及書籍。科普書籍在臺灣推廣已有幾十年的時間，可以用來了解課本以外的資訊，以及最新的研究論述。某些重要概念或迷思，要是透過一本書的篇幅輔助說明，能有效減少迷惘的時間。

閱讀過程中，不妨一邊思考：這本書可以和課本的哪一段落呼應？和我想做的題目又有什麼關聯？換言之，教科書與科普書如何相輔相成，是同學們可以放在心頭常駐的程式。你可以：

提出教科書與科普書矛盾之處

科普書如何成為教科書的補述

教科書怎麼供應科普描述中的理論依據

交叉閱讀後可以破除單讀課本可能迷思的思維或提出建議

交叉閱讀教科書與科普書，有助深化理解、刺激思考

2. 科學雜誌與月刊

在日新月異、推陳出新的科學領域，有時閱讀短篇的雜誌文章，相對於一整本的書籍，可以讓同學們在比較短的時間，對某個領域最近的研究方向與手法，以及學者們所關注的切入角度，有一定程度的理解。

《科學人》（*Science American*）是一本知名的老牌美國科學雜誌，從1845 年創刊以來連年獲獎，許多大科學家都曾經在這份雜誌發表文章。

《科學人》的創刊設定讀者是大學理工科系的學生，因此文章難度對高中生有一定的挑戰性。如果你熱愛科學，又覺得不滿足於課堂提供的知識，那麼，十分推薦你閱讀這本雜誌。

如果你是臺北市的學生，臺北市教育局購買了自2002年1月迄今，每一本《科學人》雜誌的電子文章，在網路上即可閱讀。如果所在學校不在臺北市，走一趟圖書館，從近五年或近十年的雜誌開始翻起，一樣也行。

臺北市教育局網站可以閱讀《科學人》的電子文章

除了《科學人》之外，《科學月刊》則是臺灣本土出版，歷史最悠久的科學雜誌。在雜誌官網上，也有許多精采文章與報導公開分享。這本雜誌設定的讀者是高中生，因此在閱讀與理解上，相較於《科學人》會容易許多。

研究永遠從閱讀開始，走一趟書店、學校或公立圖書館的雜誌區，就可以開始科學閱讀的第一步。

3. 科教網站

　　除了實體出版品，網路上的閱讀資源也相當豐富。如果想從專題研究的參考角度出發，全國科展、國際科展，歷屆數十年的作品，都可以在「國立臺灣科學教育館」（https://www.ntsec.gov.tw/）的網站上找到。

　　此外，旺宏基金會舉辦的「旺宏科學獎」（https://www.mxeduc.org.tw/scienceaward/#gsc.tab=0）網站上，也累積了20屆的作品。「中學生網站」（https://www.shs.edu.tw/）亦有規劃歷屆小論文作品專區。以上都是很好的取材管道，透過觀摩，理解科學文章架構。

　　雖然做專題研究不一定要參加競賽，但科學研究是很入世的，總是希望為人類社會有所貢獻，所以研究結果往往並不只停留在個人內在好奇心的滿足，還需要公開發表文章。

　　也因此，科學競賽活動經常會將獲獎的作品公諸於世，一方面激勵參賽同學爭取更高名次、見賢思齊，二方面也是要對科學教育做出貢獻，啟發厚植正在閱讀的你。

各類科學活動要求

　　最初的學習總是從模仿開始，競賽和研究也一樣。在開始研究、動筆書寫前，先參考競賽活動所要求的模板與格式，不僅可以避免作品不符規範、影響成績，更能了解專業研究的「行話」與邏輯。

　　以下就來看一看幾項常見競賽項目的要求。

常見競賽的格式要求（節錄）

中學生網站
小論文競賽
	叁、格式說明
	小論文之基本架構分為「封面頁」及六大段落：「壹、前言」、「貳、文獻探討」、「叁、研究方法」、「肆、研究分析與結果」、「伍、研究結論與建議」、「陸、參考文獻」（英文寫作類請用：I. Introduction II. Literature Review III. Research Methods IV. Analysis and Results V. Conclusion and Suggestions VI. References）。另可增加附錄，收錄研究工具（如問卷、量表等）且附錄不列入評分。爰與正文相關之資料請於前述六大段落中論述為宜，但含附錄之總篇幅仍應在4至10頁內（不含封面），其餘增刪皆不符規定。
	一、封面頁
	（一）單獨一頁、不編頁碼。
	（二）含投稿類別、小論文篇名、作者及指導老師（不限校內老師）。
	（三）不能有插圖。
	（四）作者依「姓名。學校。（科別）／年級班別」之順序編排。
	二、本文結構內容
	（一）各段落書寫重點請參閱本文件「肆、評審要點」。
	（二）在形式上必須分層次、分段來條列說明。文章之論述層次中文可參考下例：
	一、○○○○
	（一）○○○○
	  1、○○○○
	  （1）○○○○
	英文可參考下列：
	I.
	 （I）
	   A.
	    (A)
	※小論文因規模較小，建議分成四個層次即可，若不敷使用，可參考博碩士論文格式。

小論文競賽	（三）在內容上應特別強調相關資料的引用、彙整、分析、辯證，亦即須「引經據典」地進行文獻探討。 （四）文中直接或間接引用他人資料時須加註資料來源，標明作者及年代，並於「陸、參考文獻」段說明資料來源。若直接引用原文，須以粗體並加「」標明。若為間接（改寫）引用，則不必加「」、亦不用粗體，但仍須註明出處。 （五）同一處引用參考資料之原文不得超過50字（不含標點符號），詩文、歌詞、劇本、法律條文不在此限。 （六）若圖表係引用，均須於圖表下方註明資料來源，並於「陸、參考文獻」段列出。資料來源書寫方式與「陸、參考文獻」同。圖表之編號及標題均置於圖表上方置左。 三、內文引註及參考文獻 （一）由於小論文寫作的重點在於援引相關資料進行討論，不僅要「言之有物」，也要「言之有據」。因此，每篇小論文皆須附參考文獻。 （二）參考文獻可方便讀者依線索尋找原資料閱讀，故須註明清楚。 （三）在正文中確實有參考引用的文獻均須列入「陸、參考文獻」；未參考引用者不得列入。 （四）小論文比賽目的在引導同學利用圖書館各項資源，包含圖書、期刊、報紙及各項電子資源，建議同學應多蒐集各種類型的資料加以研讀。小論文比賽參考文獻至少3篇，且不得全部來自「全國高級中等學校小論文寫作比賽引註及參考文獻格式範例」第貳條參考文獻第二項撰寫格式第(七)款所列之網路相關資源。 （五）嚴禁引用論壇、問答或聊天網站內容，建議引用其有效之資料來源。 引用維基百科資料時，建議引用其文獻資料或參考資料，不建議引用維基百科內容文字。
國際科展 內文要求	摘要(300 字以內含標點符號) 壹、研究動機 貳、研究目的

國際科展內文要求	參、研究設備及器材 肆、研究過程及方法 伍、研究結果 陸、討論 柒、結論 捌、參考資料及其他 ※書寫說明 1. 作品說明書一律以 A4 大小紙張由左至右打字印刷（或正楷書寫影印）並裝訂成冊。 2. 作品說明書內容，總頁數不超過 30 頁為原則。(不含封面、封底及目錄) 3. 內容使用標題次序為壹、一、（一）、1、（1）。 4. 研究動機內容應包括作品與教材相關性（教學單元）之說明。 5. 原始紀錄資料頇攜往評審會場供評審委員查閱，請勿將研究日誌或實驗觀察原始紀錄正本或影本寄交本館。 1. 作品說明書一律以A4大小紙張由左至右打字印刷(或正楷書寫影印)並裝訂成冊。 2. 作品說明書內容文字以10000字為限(包含標點符號，但不包含圖表之內容及其說明文字)，總頁數以30頁為限(不含封面、封底及目錄)。 3. 內容使用標題次序為壹、一、(一)、1、(1)。 4. 研究動機內容應包括作品與教材相關性(教學單元)之說明。 5. 原始紀錄資料須攜往評審會場供評審委員查閱，請勿將研究日誌或實驗觀察原始紀錄正本或影本寄交本館，本館將予以退回，不代為轉交評審委員。 6. 作品說明書自本頁起請勿出現校名、作者、校長及指導教師姓名等，並且照片中不得出現作者或指導教師之臉部，以便密封作業。 7. 本作品說明書應於地方科學展覽會結束後，全國科展送件期限內，一式4份併同作品電腦檔案(PDF檔及WORD檔，檔案大小限10MBytes以內)2份，由縣市政府教育局或分區主辦單位函送國立臺灣科學教育館(111臺北市士商路一八九號)。如逾期寄送，國立臺灣科學教育館無法事先送交評審委員做書面審查，以致影響成績者，概由參展學校或單位負責。 8. 參考資料書寫方式請參考APA格式。

旺宏科學獎	一律採網路報名：http://www.mxeduc.org.tw/ScienceAward
	1. 於報名截止日前至旺宏科學獎報名系統填寫報名資料及繳交「創意說明書」。
	2. 創意說明書需包括：研究題目、研究動機、研究目的、研究方法、參考資料。請以中文或英文書寫，字數以 20 頁內 A4 為限，可提供附錄，附錄頁數不限。請轉存成pdf。
	格式上傳至當屆旺宏科學獎網站。上傳完成後請再次登入確認上傳成功。
	* 決賽繳交項目：上傳至旺宏科學獎網站，郵寄資料以郵戳為憑。
	1. 成果報告書需包括：研究題目、研究動機、研究目的、研究過程、結論、討論及應用、參考資料。請以中文或英文書寫，字數以 30 頁內 A4 為限，可提供附錄，附錄頁數不限。請將檔案轉存成 pdf 格式(限 5MB 以內)，上傳至旺宏科學獎網站，並雙面列印，郵寄十五份成果報告書至主辦單位。
	2. 現場簡報 powerpoint 檔案，限 30 頁/ 5MB 以內，上傳至旺宏科學獎網站。
	3. 作品摘要文字限 800 字(可另加圖片說明) Email 予主辦單位。

判讀資料的可信度

　　Youtube的影音個人頻道或者是維基百科，是任何有興趣的人都可以去編撰。因為太容易觸及，對學生的影響力不小，但是它們的內容，其實沒有經過嚴格的審查機制，可信度不高。

　　網路資源看似彈指之間就能取得，十分快速容易，但是如果瀏覽的都是沒有公信力的來源，反而是浪費時間。許多網路上的部落格文章，是作者出於自己的專長與興趣去經營的，但是個人的見解有限，難免偏廢，通常也缺乏審查機制。

　　公家單位官方網站仍然是比較妥切且推薦的管道。例如中央氣象局，除了公布每天的天氣預報與氣象觀測資訊之外，也設置「颱風百問」、

「地震百問」、「氣候百問」、「天文百問」、「海象百問」專區，是對地球科學有興趣的同學可以好好挖掘的寶庫。

中央研究院天文及天文物理研究所，也有自己的youtube頻道「天文趣趣問」，除了翻譯美國NASA影片，還有自2010年迄今，每三個月發佈的「天聞季報」，提供最新的天文資訊。

閱讀報告：學習拆解並歸納一篇科學文章的內容

大多數的時候，我們閱覽到的是科學介紹性的文章，以科學知識的普及與傳播為主，滿足的是科學知識的學養，不一定是很有效率的專題研究閱讀素材。

如果我們是為了進行專題研究，做資料與資訊收集的準備，要更有針對性、鎖定目標去閱讀。

正規的科學成果報告或文章，通常都是按照「動機」、「目的」、「方法」、「結果」來依序撰寫，有的作者十分友善，會寫道：「本研究的成果條列如下……」或者以「本研究所使用的方法為……」來開頭，很容易辨認。因此閱讀的初期，首先就要能夠辨識出這些段落。

通常阿茜師在指導學生時，會要求學生撰寫一份一整頁、A4的閱讀報告，讓學生閱讀完文章後一併繳交。並提供評分方式，以利進行自我評估。隨著閱讀量漸漸累積，同學們對於什麼樣的內容屬於研究方法、研究方法究竟有哪一些類型，經驗值也會提升。

閱讀報告自我評估方式

20分	40分	60分	80分	100分
V有註明文章出處、期別、文章篇名、班級座號姓名。 V準時繳交，版面為標準A4。	V有註明文章出處、期別、文章篇名、班級座號姓名。 V準時繳交，版面為標準A4。 V文章類別符合想要研究的領域。	V有註明文章出處、期別、文章篇名、班級座號姓名。 V準時繳交，版面為標準A4。 V文章類別符合想要研究的領域。 V能夠針對文章寫出研究目的。	V有註明文章出處、期別、文章篇名、班級座號姓名。 V準時繳交，版面為標準A4。 V文章類別符合想要研究的領域。 V能夠針對文章寫出研究動機、研究目的、研究方法與研究成果。	V有註明文章出處、期別、文章篇名、班級座號姓名。 V準時繳交，版面為標準A4。 V文章類別符合想要研究的領域。 V能夠針對文章寫出研究動機、研究目的、研究方法與研究成果。並能對該篇文章的優缺點做出評析。

　　以下面這篇2020年11月號的《科學人》雜誌文章為例，作者在文章第一段與第二段分享她的研究動機，第三段與第四段鋪陳她的研究目的，採用半頁版面的示意圖，交代研究所奠基的理論依據，其中包括研究採用的資料來源，之後再用半頁版面的數張圖片說明研究成果。

　　由於這份研究與前人研究的主要差別，在於作者針對研究方法做了改進，於是在研究討論的章節中，會再次強調研究方法的獨到之處。

　　文章最後五段，則是交代研究結論、重要引用文獻，以及雜誌社編輯額外提供三篇相關內容的文章年份、期別與文章標題。

嘿！Google，今天天氣怎麼樣？我們已經很習慣根據未來三天、五天或七天的準確天氣預報來做決定。一般家庭安排週末烤肉計畫、種植柑橘的農夫在霜害來臨前保護好果樹、災害應變中心在野火蔓延前會疏散下風處的鄉鎮、河岸兩側的社區在大雨來襲前會準備好砂包堆在商店和住家前。

研究動機 ⇨

如果可以提早三或四週就準確預測天氣，便能幫助擬定各種決策。農夫在初春就知道會不會發生霜害，藉此判斷現在播種穀物是否妥當；滑雪度假村業者如果知道氣溫將再次上升，會等待下雪後再整備滑雪跑道；水資源管理單位也可以在春季泛濫之前先讓水庫洩洪，或是在乾旱來臨之前先儲水；當然，你也可以先規劃下個月的假期要做什麼。

研究目的 ⇨

過去幾年來，大氣科學家已經開始發表三至四週的「季內」（subseasonal）預報。典型的七至十天天氣預報提供每天的高低溫、降雨或降雪機率，以及風向與風速。季內預報則是預測三至四週內，氣溫會比歷史記錄的平均氣溫高或低、濕度會更潮濕或是更乾燥。它也預測災害與極端天氣，其時間尺度正好填補了短期天氣預報與季節預報間的巨大時間落差。季節預報是指長期趨勢預測，例如太平洋的聖嬰現象是否會造成北美夏季氣溫上升。

季內預報準確性正在逐漸提升。我與美國邁阿密大學（University of Miami）的同事基爾特曼（Ben Kirtman）共同領導的氣象模型季內實驗（Subseasonal Experiment, SubX）計畫就是一例，我們提前幾週準確預測了2018年梅克爾颶風（Hurricane Michael）造成的降雨量增多、2019年1月下旬美國中西部酷寒的冷空氣爆發，以及2019年7月阿拉斯加的熱浪。三年前展開的SubX計畫，結合了美國與加拿大共七所主要氣候與地球研究中心的預測。

為了撰寫這篇文章，我在今年2月27日以SubX繪製了美國與全球在3月21~27日的天氣預測圖，也就是橫跨23~29天的預測區間。預測結果顯示，美國東部的氣溫將比正常值高，西部則較低；美國東岸普遍會是初春的狀態，西岸則維持冬季型態；美國東南部在潮濕

佩吉（Kathy Pegion）
美國喬治梅森大學大氣海洋暨地球科學系助理教授，負責開發的季內實驗（SubX）計畫可以提供長達三至四星期的天氣預報，也能用於研究未來數年的氣候。

的2月之後，將比往常更加潮濕。有許多預測命中，但有些則否。

依據全球天氣資料

我們現在日常生活仰賴的七至十天天氣預報，來自電腦模型模擬大氣的演變，使用的數學算式能估計每秒及每天的氣溫、風以及濕度變化。自從1950年代氣象模型誕生以來，由於科學家越來越了解這些變數，再加上電腦功能日益精良，讓這類模型的預測能力逐漸增進。1990年時，只有三天預報的準確率可以達到80%以上，而現在，三天、五天以及七天預報都可以達到同樣的水準。

在三至四週的天氣預報中，要考慮的因子就更多了，就像七天預報一樣得從目前的天氣狀態著手。全球包含美國國家海洋暨大氣總署（NOAA）與美國航太總署（NASA）等國家級大型氣象與太空機構每天會以探空氣球、地面氣象站、飛機與衛星收集約400萬筆氣溫、氣壓、風與濕度觀測資料，大氣科學家在氣象模型中整合這些資料。

要把七天的天氣預報推展到三至四週，大氣科學家還需要考量許多其他因子，例如海水溫度與洋流。他們也要分析土壤狀態，因為持續數日的溫暖乾燥天氣會減少土壤中的水份，也減少了蒸發量，導致濕度降低，進而減少降雨，甚至有可能造成乾旱。大氣科學家也要考慮地表上方10~48公里處平流層內的風，這個區域的高度比民航飛機的飛行高度還要高，此處的風影響噴射氣流（jet stream）的位置和強度，而噴射氣流使北半球風暴逐漸由西往東移動，並且影響了極端氣溫發生的位置。

這些季內模型也必須考慮特定的全球天氣與氣候現象，其中一種現象是季內振盪（Madden-Julian

重 點 提 要

■ 氣象學家正在開發越來越準確的天氣預報，時間可達四週，功能更強大的超級電腦是關鍵之一。

■ 對季內振盪（MJO）與北大西洋振盪（NAO）等全球氣候模式有更多了解，也是預報越趨準確的關鍵要素。

■ 四週天氣預報準確預測了今年3月21~27日美國某些區域的氣溫和異常降雨，但還需要再改進。

資料來源：《科學人》雜誌2020年11月號第225期 〈四週氣象一次預報〉，以下不再特別加註。
全文閱讀：https://sakb.ylib.com/article/202011.9824

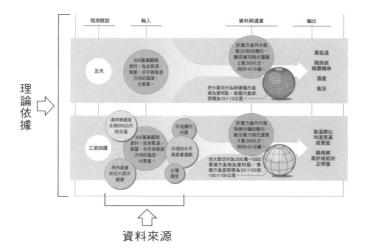

理論依據

資料來源

模型概念輸入大氣資料，輸出天氣預報

要進行三至四週的天氣預報，需要大量資料和運算效率。從五天預報使用的資料開始，增加了全球氣候因子，但降低了解析度，以利實際運算，並以高於或低於歷史平均值呈現輸出的預測氣溫和降雨量。

Oscillation, MJO），始於熱帶印度洋與太平洋上方的一大片雲、雨和風，在幾個月內由西向東遍及全球，每年發生四至六次，有時是連續發生，有時則不規律。MJO會影響颱風、高氣壓與低氣壓中心、鋒面的形成位置。例如，MJO以大氣長河（atmospheric river）型式大幅影響北美西部的降雨位置，大氣長河是由太平洋中部延伸北美西岸的狹長強降雨帶，可能造成洪災，或者是成為緊急用水的來源；MJO也可能以每一週為一個週期，提高或降低某些地方的風切變（wind shear），並影響熱帶氣旋形成的位置。考慮MJO，可能是SubX得以成功預測梅克爾颶風的一項因子。

北大西洋振盪（North Atlantic Oscillation, NAO）則是另一項因子。這是北大西洋高低氣壓之間的持續交互作用，可以影響噴射氣流以及極地渦旋的位置，並驅動極區冷空氣南下進入美國東北部與歐洲。

龐大資料的取捨

計算季內預報需要針對許多變數進行非常多次的運算，即使是效能最強大的超級電腦，都是項沉重的負擔。一個模型把三維的大氣變化劃分為許多小的計算方盒（box），例如NASA最新的全球氣象模型就含有約兩億個方盒：最接近地表的方盒長寬各13公里、高50公尺，其他方盒則往上堆疊，每往上一層的方盒高度遞增，平流層的方盒高度達到700公尺。這個模型會利用方程式，計算氣溫、氣壓、水平與垂直風速以及濕度，預測每個方盒內大氣每20秒的變化情形。

就如同智慧型手機的螢幕把像素結合起來可以呈現畫面，結合這些方盒，就可以看見未來天氣完整預測圖。要產生五天預報，模型要運算數百筆方程式約2萬3000次，以一部超級電腦的1500個計算核心運算，約需40分鐘。

研究結果 ⇨

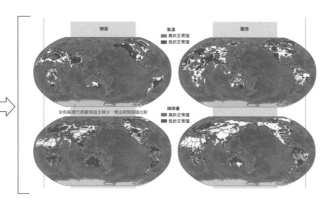

灰色區塊代表觀測值太稀少，無法與預測值比較

預報結果：一個月後的溫度與降雨

SubX季內預報在今年2月27日預測3月21~27日（也就是幾乎一個月後）的全球天氣。下方地圖呈現的是各地氣溫與降雨量是否高出或低於1999~2015年的平均值（正常值）。實際天氣觀測數據顯示，SubX正確預測了歐洲與澳洲的異常乾燥，也正確預測了美國西部的低溫以及東部的高溫，但是美國東北部並不如預期的溫暖。SubX預測了氣溫和降雨量高出或低於正常值的大小，但目前數值並不十分精確。

　　氣象學家必須有所取捨，除了追求解析度，運算時間也要夠快，才能實際應用。即使是現在的五天天氣預報，也無從得知這些方盒內的某些因子，例如個別的雲、雷雨，以及山與海岸線等複雜地形的效應。要有效表示這些特徵需要加強模型的解析度，方盒的底面積必須縮小為六平方公里，如此一來，要產生五天預報就得耗時超過五小時。氣象學家需要提供各地即時天氣資訊，可等不了這麼久。

　　要產生四週的天氣預報，還要考量MJO等所有大尺度因素，因此必須使用更大的方盒，把方盒數目從2億個降低到200萬~1000萬個（因模型而異）。方盒的寬度擴大為50或100公里，才得以用同等的運算效率進行許多複雜運算，需時同樣約40分鐘，但無法看

清。可以把三至四週的天氣預報想成低解析度影像顆粒狀的像素：還是可以看到主要大氣現象，但是細微的點就不太清楚，大範圍的高溫和降雨區看起來就像人的輪廓，小範圍的現象例如特定地區的暴雨就不易判斷。

　　不過，我們對於全球現象已有足夠了解，運算效率也足夠，演算法變得夠精細，氣象模型現在產生的低解析預報圖更是相當不錯了。

以模型教導模型

每一週，與SubX合作的七所研究中心會分別產生未來32~45天的預測，包含的觀測資料比七天天氣預報多出數千筆。這些團隊會把資料傳送到哥倫比亞大學國際氣候與社會研究所的中央資料庫，SubX在喬治梅森大

學的電腦再匯整這些資料。SubX 是全球唯一把多個模型的預測結果整合成為公開天氣預報的計畫；全球約有 10 個其他團隊根據單一模型產生季內預報，例如歐洲中期天氣預報中心。

　　SubX 產生的氣溫預報圖顯示出比歷史平均熱或冷的區域，降雨量圖則顯示比往常潮濕或乾燥的區域。SubX 結合七種模型，產生比任何單一模型更好的預報，結合方法有一部份是透過把資料平均，一部份則運用個別模型的最佳優勢。例如，每種模型都必須估計方盒內的雲況，方法稍有不同，綜合這些模型便有可能產生最好的估計結果。以美國天氣狀況來說，比起最佳單一模型來預測氣溫，SubX 在時間的準確度高了 60%，降雨時間的準確度則高了 81%。

　　開發 SubX 的科學家正在尋求更好的方法來結合個別模型，並且藉由回顧舊天氣來改良模型。在一年之內，SubX 以 1999～2015 年當中每一週的天氣狀態執行了多次三至四週天氣預報，產生的資料量超過 20 兆位元組。我們把每一次的預測結果與三至四週後的實際天氣進行比較，以測試許多氣候環境的效應。

　　我們正以預測結果中的準確性與不準確性來提升模型表現，包含平流層的情形、MJO 和 NAO 等現象對各地造成的衝擊等。例如，提供資料給 SubX 的兩組 NOAA 模型團隊，藉此改良了他們計算雲、雷暴和降雨的方程式，因而更加凸顯 MJO 的影響。接著這兩組團隊檢視了過去的真實天氣，顯示新產生的三至四週預報更為準確。

成功預報的關鍵

　　那麼，SubX 在 2 月 27 日進行對 3 月 21～27 日的天氣預報表現如何？它預測美國東部高溫而西部低溫，東岸會進入初春的狀態，西岸維持冬季型態，東南部則會比正常情況來得潮濕。

　　不尋常的潮濕天氣確實持續在東南部發生。天氣預報顯示此地可能會降雨，再加上春季融雪以及密西西比河此時的水位較高，這個區域便需要關於預防洪災的資訊。實際情況是，密西西比河流經紐奧良的地區於 2 月 27 日接近洪水水位，在 3 月 8 日達到洪峰後稍微消退，然後在 3 月下旬和 4 月上旬又再次上升，4 月 12 日再次達到洪水水位。SubX 能在這地區表現良好，是因為成功預測到墨西哥灣海水溫度偏高，這是造成美國東南部

降雨的關鍵。SubX 也成功預測西岸一帶的氣溫偏低，以及加州北部與加拿大卑詩省海岸會比往年乾燥。

　　至於全球天氣預報，SubX 則正確預測了高氣壓與低氣壓系統的位置，因而成功預測歐洲比往年乾燥、亞洲則是比往年高溫。SubX 也準確預測了澳洲的氣溫，因為它預測到 MJO 造成的多雲與晴朗區域。

　　SubX 高估了美國中大西洋地區、東北部和俄亥俄河谷的氣溫，因為它未能正確預測高氣壓與低氣壓系統的某些細節，進而影響了預報結果。這個模型也沒預測到俄勒岡州比往年潮濕，不過發生在 3 月 24、25 日的大雨時間並不長，提供資料給 SubX 的七個獨立模型在

要把七天的天氣預報推展到三至四週，大氣科學家還需要考量許多其他因子。

此次大雨前再次預報，多數也未能預測到這場降雨，由此可見即使是七天天氣預報，帶來降雨的風暴仍是項預測挑戰。大氣的混沌現象可能無預警出現。

　　要使季內預報達到七天天氣預報那樣的成效，我們還有一段路要走，而且可能並不容易，但是眾多氣象學家正致力實現。每一週，我都會發表七個獨立模型與 SubX 的全球四週天氣預報，NOAA 的氣候預測中心會利用 SubX 的預測，發佈美國的三至四週天氣預報。也許 10 年之後，當你瀏覽手機上的天氣預報時，會在螢幕角落看到一個太陽或雲的圖案，下面寫著「未來四週天氣展望」。■

邱淑慧是中央大學地球科學系畢業、天文研究所碩士，目前擔任花蓮女中地球科學教師。

➡ 延伸閱讀 🔍

The Quiet Revolution of Numerical Weather Prediction. Peter Bauer, Alan Thorpe and Gilbert Brunet in *Nature*, Vol. 525, pages 47–55; September 3, 2015.

The Subseasonal Experiment (SubX): A Multimodel Subseasonal Prediction Experiment. Kathy Pegion et al. in *Bulletin of the American Meteorological Society*, Vol. 100, No. 10, pages 2043–2060; October 2019.

欲讀相關文章，請登入《科學人知識庫》

〈今後的天氣，很不妙〉，《科學人》2019 年 9 月號。
〈噴射氣流放大無疆界〉，《科學人》2019 年 5 月號。
〈北極暖化 全球拉警〉，《科學人》2015 年 1 月號。

立即前往

　　這篇文章對於完成專題研究前的閱讀報告，是十分適合的。閱讀報告的篇幅限制為一頁A4，意思是希望同學了解：你只需要做數段的段落大意，即可掌握這篇文章的精髓了。

　　以下再進一步說明如何區分各個段落的性質。

1. 研究動機

　　什麼是「研究動機」呢？簡單來說，就是你「為什麼要進行這個研究」。但千萬別天真地說「因為黑洞很酷很炫」，一般來說在這裡要說服讀者或評審或審查人員，這個研究在整個學門領域中是重要的。若只是過去沒有人做過，也可能只是因為這個問題還不重要，所以沒有人去觸碰，要小心不能隨意標新立異。

　　以這篇《科學人》引用文章為例，作者的研究動機是：

> 　　提早一個月做乾旱準備、改善水庫水資源管理以及農務播種之決策。而在這目前已有的長期氣候推估與一週天氣預報情況下，是尚缺乏卻有實際應用需求的，故啟發她的研究動機。

2. 研究目的

　　持續論述下去，「研究目的」是更明確「要透過研究所欲解決的問題或改善的困境」。而這個問題並不是讀一讀過去前人的研究報告書，把內容統統整理之後就能回答的。後者比較像論述文或是因為好奇所進行的理解筆記，而不是一個經由變因設計、可探究、具有定量描述的科學問題。

　　以這篇引用文章為例，作者的研究目的是：

藉由實驗計畫的執行去提升預報的準確度。

3. 理論依據／資料來源

　　大多數的研究不會是從零開始，往往都是依附著前人既有的成果，再往上發展。因此在正式交代研究結果之前，或是導入研究方法之前，或是說明實驗設計的時候，都應該把所立基的理論依據和本研究設計的關係說明一下。同時，如果是使用現有資料庫的資料作為分析素材，也一定要交代負責收集資料的單位，或是公布負責維護資料庫品質的相關機構，並交代這些資料取得的管道。讓文章有公信力，也是展現誠信的表現。

　　以這篇引文為例，作者利用半頁版面的示意圖（因引用規定，圖片縮小呈現），來介紹理論模型架構概念，以及在實驗流程中交代了資料庫的所屬來源。

4. 研究結果

　　研究結果就是要說明基於所訂定研究目的與方法，進行試驗與研究之後所得到的結果。選用適切且恰當的圖或表，搭配合宜的套色，將定量數據呈現，同時凸顯出研究結果的顯著差異，是這個段落很重要的功能。

　　以這篇引文為例，雜誌作者利用半頁版面共四張圖分別呈現氣溫與降雨量分布在預測以及觀測結果的表現（因引用規定，圖片縮小呈現）。

5. 研究方法

「研究方法」的關鍵在於介紹這個方法的理論依據與研究策略，重要的是讓讀者能夠一目了然，且可以具體效法、操作。

科學很重視「再現性」。簡言之，如果你說「路徑上沒有摩擦力，自斜坡下滑的小球會持續滾動」，那麼任何一個人重複你的實驗操作，應該都可以得到相同的結果。

這種可供多人重複驗證的特性，是一個學者所提出的說法，後來能夠漸漸成為原理與定律的必經歷程。如果研究方法很隱晦，好像一種不公開的祕方，那麼我們就會認為這份研究的結果也站不住腳，再偉大的結論，也沒有人會相信。

以這篇引用文章為例，作者的研究方法是：

> 將觀測資料輸入超級電腦，電腦在滿足已知的物理方程組運算後，輸出高溫或低溫以及乾燥或潮濕的預估結果。特別的是其他單位使用單一模型來進行電腦運算方程組的設計，她使用多個模型彙整後所得資訊用於改良原有模型再進行運算，以期待預報準確度得以提升。

要能寫出這一段話，學生必須能理解並掌握文章第二頁與第四頁的共通內容，才有辦法以四行半的文字交代。

6. 研究結論

好的科學文章，在其研究結論的段落，必須要強調研究的價值，同時緊扣研究目的。就如同前面舉例的《科學人》文章，作者所下的小標題

「成功預報的關鍵」。

　　當然價值高低也不是研究學者自己說了算，因此必須要交代本研究結果在整個科學領域的貢獻。研究結果要寫得好，研究者本身也必須要對該領域相關研究進展有一定程度的理解，才能講得出研究的獨特性與科學價值。

　　以這篇引文為例，作者利用最後五段來交代其研究結論，並寫出這份研究的價值與具體貢獻：

> 　　至於全球天氣預報，SubX則正確預測了高氣壓與低氣壓系統的位置，因而成功預測了歐洲比往年乾燥、亞洲則是比往年高溫。SubX也準確預測了澳洲的氣溫，因為它預測到MJO造成的多雲與晴朗區域。

7. 參考文獻

　　「引用文獻」或稱「參考資料」。這個部分來自你認真、有系統累積的閱讀。建議大家養成習慣，每讀一篇科學文章，都簡單標註出動機、目的、方法、結果。哪一天你要寫自己的報告的時候，研究動機由哪幾篇文章啟發你、研究方法改良自哪幾篇文章的作法、研究結果與前人工作的異同，通通可以信手捻來，而且有憑有據。這些一路以來支撐你的重要文章，最終也就會被納入研究報告書末尾的「引用文獻」列表。

　　登高望遠，科展競賽評比現場，評審老師看你的研究引用了哪些參考文獻，可以知道你爬得多高了，對於你的視野能有多廣，也會有初步的評估。真正站穩巨人的肩膀，或許就是這麼一回事吧！

「看不懂研究方法」的陷阱

在閱讀學術文章中有關研究方法的段落時，初學者容易掉入「看不懂」就無法整理的陷阱。但首先，其實你只要先匡列或謄寫出哪一段或哪一行在描述研究方法即可，甚至可以寫下關鍵字句「模型概念」或者段落小標「以模型教導模型」就足夠了。

乍看之下，這種做法好似不求甚解，但其實是一種更有效率的閱讀方式。

回到之前黑洞的例子，有人做黑洞電腦模擬，有人做黑洞公式理論計算，有人做黑洞觀測，但不論哪一種研究取徑，終究都會使人類對於黑洞的理解有所提升。如果我要鑽研的是黑洞觀測，我可以去了解黑洞模擬的進展，但是並不需要通透理解整個模式究竟是如何運作。

更細膩的情況可能是我因為對噴射氣流的影響有興趣，而讀到前面這一篇《科學人》文章提及噴射氣流的納入於否，對一個月的氣象模擬準確度提升的影響，而這只是我在探究「噴射氣流影響」的其中一環。噴射氣流可能還會造成氣候災難，或者跟北極暖化有關，所以我更不用擔心自己沒有弄懂這七種模型的優劣。

同樣地，如果你能夠不受困於「必求甚解」的枷鎖，那麼「研究方法」與「研究結果」之於本閱讀報告而言就只是辨識它、寫下它，如此而已。通常一個好的文章鑑賞過程，就是去看「研究結果」是否有回應所提出的「研究目的」，也就是找出該研究提升了多少預報準確度。

列出關鍵字

📖 延伸閱讀

〈商業載運太空人．升空倒數〉．《科學人》2020年6月號。
〈重金打造政客火箭〉．《科學人》2015年9月號。
〈平價上太空〉．《科學人》2013年5月號。

延伸閱讀範例

上圖中的三篇文章，共有的關鍵詞可能是「太空」或「火箭」。在網路時代，關鍵詞下得精準，就能大幅節省搜尋的時間，提高找資料的效率和品質。

阿茜師在指導學生專題研究報告的時候，會要求學生寫出至多三個關鍵詞。它們的功用在於，你希望其他人是對「什麼」有興趣，而引用或關注到你這篇作品。同時，你也必須對這個關鍵詞負責任，讓讀者可以在你的作品中得到他所期望的收穫。

請用相同的關鍵詞，或一組關鍵詞，搜尋三篇或三篇以上的文章來整批閱讀。是的，讀文章、做功課、為專題研究打基礎，此時的閱讀應該是有目的性的，一批一批閱讀。

至少閱讀三篇主題相近的文章

阿茜師一般會鼓勵同學們至少找三篇主題相近的文章來閱讀，剛好小論文的投稿要求就是至少要有三篇參考文獻，所以若順利完成老師的要求，基本上你已經具備投稿小論文的入場券了。

但是，這些文章是怎麼個相近法？怎麼知道AB這兩篇文章，比較接近C，還是D？這些取捨其實也涉及下一個階段的「再聚焦」工作。

如果從「黑洞」這個題目下手，同學可以找三篇文章，一篇談黑洞理論計算，一篇談黑洞電腦模擬，一篇談黑洞觀測，探討黑洞不同的研究進

路。也可以一篇談黑洞質量，一篇談黑洞自旋，一篇談黑洞電荷，後者當然比前者更聚焦在黑洞觀測的性質描述上面。

　　以所引用 2020 年 11 月號的科學人雜誌文章來看，若要找相近的文章來閱讀，考量預報模擬時間的長短，可以七天天氣預報模擬一篇，一個季內氣象模擬一篇，長期氣候模擬一篇，談不同時間長短的大氣模擬。也可改以考慮特定的天氣系統，如以噴射氣流為例，可以噴射氣流對模式表現一篇，噴射氣流對氣候災變一篇，噴射氣流對北極暖化一篇，談噴射氣流的影響。

　　同學可以取相同的研究方法為主題，蒐集三篇文章來讀；也可以採相近的研究動機、或相關的研究目的為主題，來蒐集三篇文章。有時雜誌本身就會提供「相關文章列表」或「延伸閱讀」，就可以順水推舟集滿三篇。

The Quiet Revolution of Numerical Weather Prediction. Peter Bauer, Alan Thorpe and Gilbert Brunet in *Nature*, Vol. 525, pages 47–55; September 3, 2015.

The Subseasonal Experiment (SubX): A Multimodel Subseasonal Prediction Experiment. Kathy Pegion et al. in *Bulletin of the American Meteorological Society*, Vol. 100, No. 10, pages 2043–2060; October 2019.

欲讀相關文章，請登入《科學人知識庫》

〈今後的天氣，很不妙〉，《科學人》2019 年 9 月號。
〈噴射氣流放大氣候災難〉，《科學人》2019 年 5 月號。
〈北極暖化 全球振盪〉，《科學人》2015 年 1 月號。

立即前往

《科學人》相關文章

小試身手

你也找三篇相近的科學文章，試著利用本單元所介紹的「一頁 A4閱讀報告」來進行文章的分析吧！

心得筆記

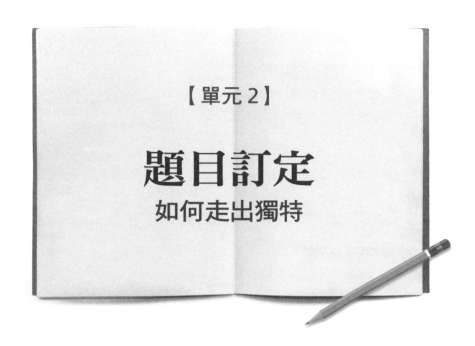

【單元 2】

題目訂定
如何走出獨特

找題目是一場智識的冒險

與各位分享一個小故事：在前一單元中，我們提到獲得全國科展特優作品的研究題目「以 X 光與宿主星系探討遙遠中質量黑洞候選者之性質」。但事實上，這位同學一開始並沒有打算要以黑洞為主題做研究。

首先，她是在學校的「光譜在天文學上的應用」，這門多元選修課當中，瞭解到原來除了可見光可以應用於天文研究以外，還有紅外線研究星雲、紫外線研究太陽表面活動、無線電波研究特殊星系。

於是，她突然想到：X 光可以拿來做什麼天文研究呢？老師在課堂中沒有特別舉例，所以她就決定在高一學期尾聲，以 X 光為研究設定的電磁波波長，來看看可以做什麼進一步的探討。

事後看來，她也因為有勇氣選擇一條人煙稀少的路，因此做出了很不錯的研究成果。

新課綱的地球科學高一課本，已經納入了多電磁波段天文學的介紹段

落，現在你不會因為沒有上多元修選課，產生這方面的知識落差。但更具挑戰的反而是要自問：我有沒有這樣勇於冒險的心與眼，從課文與課堂中找出一條可以探究的路。

人類的原始習性，讓我們有時不敢冒險，因此麥克阿瑟將軍寫給兒子的家書，才會被選入課本課文，以茲提醒：

> Lead him, I pray, not in the path of ease and comfort, but under the stress and spur of difficulties and challenge. Here let him learn to stand up in the storm; here let him learn compassion for those who fail.
>
> （主啊！我祈禱，您能引導他，
> 不是走在安逸和舒適的道路上，
> 而是在壓力和激烈的困難和挑戰之下。
> 就這樣，讓他學會在風暴中站起來；
> 就這樣，讓他學會同情那些失敗者。）

閱讀、寫報告，對某些人來說，只是被動地完成老師交付的任務，但是一旦要訂出題目，認真去完成一篇小論文，或者延伸成為科學研究作品，你需要更多的內在驅動力。

研究不會是一條輕鬆的路，所謂「快樂學習」並不是代表輕鬆愉快。真實的快樂必是來自深刻且長期的付出後，所獲得的果實。你一定會遭遇困難，也必定會需要付出課堂之外的時間、精力，但正是在這樣的過程中，你有機會激發出自己解決問題、克服困難的能力。

換言之，你要每天安排一些時間去進行你的專題研究，沒有人會幫你規劃進度表，身旁也不見得有一同前行、有相同作息的夥伴，是一種「慎獨」的修練。

評估矩陣：探索內在問題

在苦思找尋獨特題目的時候，需要策略性地去進行思考。這是你在開始動作之前，多想一想優先次序為何、目的為何的必要步驟。

市面上有許多有關策略思考的書籍可供參考，回到科學探究的層面，你除了多看、多閱讀已有的發表主題，多分析已有的研究成果之外，在此建議一個策略思考技巧：評估矩陣。

問題	與我的關係	與世界的關係	與地科的關係
黑洞	好奇	好奇	天文物理
寒流	生活經驗	生命財產	氣候變遷
系外行星	好奇	資源探索	天文觀測
湧升流	學習經驗	漁獲觀光	海洋物理

評估矩陣

也有人稱這是一種創意思考，究竟是叫做哪一種名稱，不是重點，關鍵是你在思索過程中的體驗。

第一欄可能是一些你想到的研究主題或關鍵字，這個階段可以盡量羅列出來，越多越好，也就是進行「發散性思考」，以腦力激盪的結果為主。

第二欄開始進行初步的「聚斂性思考」，問一問自己這每一個主題跟自己的關係。我們做事情總要有所為有所不為，如果已知的難關就在前方，總得知道自己是為何而堅持。

第三欄則是問自己：這份研究和世界有什麼關聯。人要在年輕的時候立下大志，對世界有貢獻心，於是接下來得是再想一想這個問題探究下去，對於世界有什麼助益。只要不落入眼高手低的窠臼，不妨將眼光放遠，雖然一個人能做的有限，但是號召更多人加入，就可以做大事且長

久，核心關鍵還是你有沒有洞察到他人需求的那雙鷹眼。

最後一個欄位才是比較接地氣地去看這個題目是屬於哪一個學科領域，這涉及到之後再涉獵的知識、資源、所需的設備器材方法在哪一個方向。

上帝公平地給每個人一天24個小時，在短短一生中。你究竟要在哪裡揮灑你的繽紛色彩？希望藉由評估矩陣的聚斂性策略思考技法，能幫助你決定自己獨特的研究題目，或者未來的人生方向。

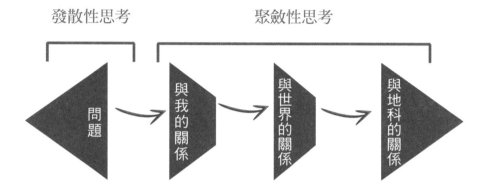

從發散到聚斂的思索過程

科學上的「NABC」

在尋找研究題目時，比較沒有自信的同學可能會說：重要的問題別人都想到了，哪裡還輪得到我。有自信的同學可能會說：天無絕人之路，路是人走出來的，天下無難事只怕有心人。務實的阿茜師則會說：不用再說了，趕快去看看現在實際進展到哪裡了。

有時候，一個謙遜的作者，會在論文最後幾段寫出研究工作尚未完成，還有哪些待改進的空間，值得未來進一步研究。如果你認同作者的研究方向，跟著去做就是了。偶爾還能看到一種「瞻前顧後」地詳細回顧該領域十年有成或半世紀以來進展的大師級文章，讀一篇文能夠節省數十年苦讀時光。不過這當然是可遇不可求，遇見就把握。

　　仔細想一想，為什麼要求大家至少讀三篇文章，再寫去小論文呢？不也是期盼同學從數篇文章交叉閱讀的過程中，挖掘出可再造之題材，或者看出一個新的研究方向。

　　現在有許多人創業，希望開展出自己的一番事業而不甘於單領薪水。不過任何草創階段都需要資金的挹注，你要如何說動金主贊助你，而他投資的錢不會像是被丟入水裡般浪費？自然地，你需要分析未來市場的需求與產品的競爭力。

　　「NABC」是創業投資常見的分析概念。它是取「Need」、「Approach」、「Benefits」、「Competition」四個單字的縮寫而組成的簡稱，可以直翻為需求、方法、利益與競爭。

　　將這個概念運用到研究，什麼是科學上的需求？大多是一些待解決的問題，當然也可能是與民生有關的需求，如單元1引文中季內氣象預報產品的推出。方法，就如同使用多個模型模式進行預報產品的產出。利益，大多時候是緊扣需求的，需求滿足了，可以提高產能，或是減少風險損失，有趨吉避凶之效。打個比方，如果知道月底降雨量會增加，水庫管理人員就能判斷月初發生強降雨時，該不該進行洩洪的措施，如此才能兼顧水源供應無虞，和水庫壩體及下游民生的安全。不同方法的競爭，在此也成為促使效率提高的改進措施，在前一單元的《科學人》引文中，就是以模型教導模型的作法，來有效提升預報準確度。

　　如果一個競賽的科學作品，能夠在介紹研究動機、研究目的、研究方法與討論之餘，還帶給大家科學上的NABC，這樣的作品能獲得大獎的機率當然很高。當今最負盛名的諾貝爾獎，其創立目的也是希望將榮耀歸給對人類有重大貢獻的研究人員。

　　獨特不是特立獨行，也不是我們自己宣稱不一樣，就會被別人認為獨特。基本信念還是期待同學們從他人、從社稷、從弱勢的需求出發，看看我們由科學研究的這個面向，可以提供怎麼樣的貢獻。

「閱讀報告」與「專題研究」的不同

　　研究題目建議是三篇以上閱讀報告整理之後的產物，你可以將撰寫閱讀報告視為收攏出獨特研究題目的暖身活動。

　　如果你是以「噴射氣流」為關鍵字去找了三篇文章來閱讀，之後就可以利用下表整理，這三篇文章在研究動機、研究目的、研究方法、或研究結果的哪一項度可互相比較，它們可能在某個項度十分相似，也可能它們就是這個項度差異最顯著，或者是跟你的興趣或期盼最為契合的項度。

閱讀報告一	閱讀報告二	閱讀報告三	研究題目
研究動機1	研究動機2	研究動機3	→提出一個研究動機的交集 →提出一個相關，但有別於1,2,3的動機
研究目的1	研究目的2	研究目的3	進一步閱讀引用文獻A，甲，ㄅ →提出一個研究目的部分交集 →提出一個相關，但有別於1,2,3的目的
研究方法1	研究方法2	研究方法3	進一步閱讀引用文獻B，乙，ㄆ →提出一個相關，但有別1,2,3的方法
研究結果1	研究結果2	研究結果3	進一步閱讀引用文獻C，丙，ㄇ →提出一個在研究結果1 or 2 or 3基礎之上的延伸
引用文獻A	引用文獻甲	引用文獻ㄅ	←研究目的類型的資料
引用文獻B	引用文獻乙	引用文獻ㄆ	←研究方法比較的資料
引用文獻C	引用文獻丙	引用文獻ㄇ	←他人研究互評的資料

　　正規的研究報告，如全國及國際科展報告書，一定會在研究目的之段

落加上註腳，說明該研究目的是由哪些文獻啟發而開展。因此如果你也對類似的研究目的有興趣想加入他們的行列，建議就應該再多去看看引用文獻 A，甲，ㄅ（如上表所示）。然後再進行下一輪的表格彙整，這樣也可以確保你原本預設的研究目的，是否已經被前人所研究過了。

　　科學重視分享，一方面希望累積全人類智慧，二方面也不希望你走冤枉路。多閱讀才能避免井底之蛙或閉門造車的笑話在自己身上發生。

　　正規的研究報告書也會在研究方法的段落加上註腳，說明該研究方法過去經歷哪些理論基礎、間接推論、科技進展，而今能使用此方法來進行研究。因此如果你也對該系列的研究方法有興趣，那麼建議就應該再多去看看引用文獻 B，乙，ㄆ（如上表所示）。然後再進行下一輪的表格彙整，這也有助將研究題目收攏。

　　科學作品競賽報告書在研究結果之後，以及研究討論的段落會加上註腳，將該研究結果與前人成果進行比對，有可能原本就是一個想提高預報準確度的研究。除了交代自己的研究結果提升了多少準確度，也要跟其他學者的作法進行比較。是準確度大幅提升呢？還是已經逐漸接近極限，因此改善幅度有限？是稍微使用模型教導模型的策略就能有效提升？還是需要發展新模型，方能顯著改進？

　　如果你好奇怎麼推進目前研究的最前沿，或有志著手解決目前學界的困境，那麼建議就應該再多去看看引用文獻 C，丙，ㄇ（如上表所示）。然後再進行下一輪的表格彙整，同樣也能將研究題目再收攏。

從引用文獻找靈感

　　到這裡，你是否覺得有一點誤上賊船或是落入火坑的感覺呢？還是感到進入了大觀園，目不暇給，驚喜於要看的文章原來有這麼多呢？

　　文章看多了，你會知道誰是這個領域的大老，怎麼看來看去每一篇文章都有引用他的研究。又或者你會知道誰在這個領域的論文發表量很多，

他的不同作品也經常被不同的學者所引用。

前人作品的引用文獻，就像是一張航海藏寶圖，如果你拿到的是小海盜的藏寶圖，跟妳拿到的是海賊王的藏寶圖，你發現的寶藏價值也會有所不同，這也就是我們在單元1所提，評審為什麼可以由你的引用文獻列表就有辦法預估你研究成果與價值的道理。總之學海遼闊，願你求知若渴。

每份研究的引用文獻就像不同的藏寶圖，
能評判一份研究蘊藏的價值豐富程度。

從「文獻探討」到「題目訂定」

讓我們再看一次單元1所提，小論文、科展和科學獎三種科學活動各自的規則要求。

項度		小論文	科展	科學獎
關鍵詞			V	
摘要/前言		V	V	
研究動機	文獻探討	V	V	V
研究目的			V	V
研究設備及器材			V	
研究過程或方法		V	V	V
研究結果		V	V	
（研究）討論			V	
（研究）結論		V	V	
參考資料		V	V	V
頁數規定		10頁	30頁	30頁

1.小論文

　　小論文在份量和篇幅上要求最低，它可以是一份文獻探討為主的作品。也就是阿茜師建議各位的，將三篇以上有所關聯性的文章進行比較，好好分析與整理數篇你已經閱讀過的報告，達到4頁以上、10頁以下的份量，收攏出一個可發展的研究主題，就足以當作小論文的結論。這也是為什麼阿茜師鼓勵大家以投稿小論文當作專題研究的起手式。

　　這樣的訓練，對中學生進入高等教育的學習十分有助益。即便是一篇大師級的回顧性文章，或者教科書的內容，也都有必要向讀者交代前人的研究，展示科學研究者如何在各自的岡位上，齊心努力營造科學社群使之欣欣向榮。回首過去，展望未來。而且那個未來，那個研究題目，將是由你去實現的。

2. 科展

科展即是加強版小論文，就是在已聚焦、而待進行的研究主題之上，先做一個初步的測量或數據收集，放入研究過程或方法，以及研究結果的項度。告訴自己也告訴評審：這個研究有可行性。

3. 科學獎

科學獎比較像是科學點子的收集與提供獎勵，因此看重的是題目是否有科學應用上的創意，或是之前我們提及的 NABC 精神。有時，科學獎甚至不要求你有研究結果，但是你預計採用什麼研究方法，是要有所評估、分析與交代的。

因此，你不只得要好好盤點數篇閱讀報告之中的研究目的與動機，也需要仔細爬梳數篇閱讀報告其中的研究方法，當頁數達到 10 頁以上，30 頁以內，也能報名旺宏科學獎。

以上都是重視探究過程，尚不強求實作數據的科學競賽活動，非常鼓勵大家多多嘗試。

對於初次嘗試研究的同學，你可能苦惱於怎麼增加文字量，但當你著手進行實驗裝置建置、變因設計、數據收集、資料分析計算圖表繪製、結果呈現、與他人研究進行討論比較等。屆時的挑戰，反而在於怎麼去蕪存菁，用字精煉，在 300 字內交代自己的研究歷程與精華，以及在 30 頁的篇幅中完整說明。

試擬題目

前人研究的實驗過程，讓後人重複練習，重點是在學習理論與數據彼此之間驗證的關聯性。這樣的實驗流程與器材往往都已經提供給同學，甚

至連實驗的名稱也都決定了。

這就像你取得一份食譜，菜名、食材、步驟、份量、料理方式，都有所參照。我們稱這類教材中的實驗為「食譜式實驗」，如：濕度的測量。

如果你研究題目自訂、器材自製、樣本自取，這樣不完全有清楚之前人步驟可依循的科學活動，稱為「探究式實驗」。在餐廳中，就會是一道無菜單料理。在菜餚沒有上桌之前，可能連廚師本人都不知道要叫什麼名字。

食譜式實驗有固定的做法，探究式實驗有更多隨機、偶發狀況

為研究題目命名時，也有一些原則要留意。不同的題目給讀者的感覺也會大異其趣。好比東西方為餐點命名的原則，如「酷炫黑洞超解密」這樣的題目，就好像中式料理的「佛跳牆」，不易一眼就明白具體內容。而「以 X 光與宿主星系探討遙遠中質量黑洞候選者之性質」這樣的題目，就類似「焗烤彩椒燉飯」這個餐點名稱，很清楚直白地將主菜、配料、做法全納入了。

實務上，我們在開始做研究前，頂多先決定主食材，至於要加什麼料、或是以什麼方式亨煮，都是一邊做，一邊修飾的。一個研究題目發生不斷修改的情況，是非常平常的事情。

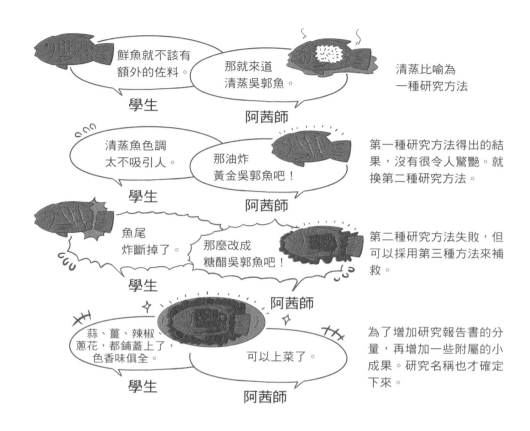

研究題目可能在過程中不斷改變，就像做料理一樣。

審視題目

1. 題目訂得太難，做不到怎麼辦？

訂下題目並完成它，這不是自己出期末考卷來測驗自己，更不是題目一發派下來，我們就使命必達。

我們不會給自己設定一個做不到的目標，而應該反過來，是看看我們

做出了什麼，才擬定題目名字。或者我們可以再利用一次變形版的評估矩陣來排解疑惑，前四項依難度高低，從容易到困難由1～5給分。最後的數字越小，代表可行性越高。

魚料理	稀缺食材金錢成本	耗時	器材	料理難度	賣價	可行性順位
評估項目	資料取得難易度	耗時	駕馭能力	理論深度	研究價值NABC	
生魚片	4	1	2	4	1	12
清蒸魚	3	2	1	1	2	9
炸魚	2	3	4	3	3	15
糖醋魚	1	4	3	2	4	14

　　就如同這個例子，即便已經用心做了事前評估，仍不能保證不會遭遇如魚斷尾的失敗卡關。要是珍貴的資料太難以取得，即使可行性順位很前面，也不一定能夠落實。

　　如果有一個同學想基於自己的生活經驗，自行設計儀器去實際收集颱風相關氣象資料，但是等了兩個暑假都沒有颱風侵襲臺灣。他該怎麼辦呢？

　　每一位同學大概只能給小論文或專題研究幾週到幾個月的時間。這段有限的時間，能學會多少，能鑽研多深，沒有絕對的答案。或許這樣的評估是給自己一個以上的替代方案，A計劃不成，還有B計畫。原本只想要做如生魚片的料理，但是研究素材的取得就像那可遇不可求的侵臺颱風，也就只好改為如糖醋魚的料理，先由資料取得容易的研究開始執行。假使糖醋魚般耗時又費工夫的B計畫做完了，還有時間，這時才等到了珍貴不已的資料，這時再追加做A計畫生魚片，也能夠變成創意雙拼料理。

　　小論文篇幅少，算是小而美的科學小品，科展就像是一道科學研究大

菜囉！人生路很長，不須給自己過大的包袱一定要一出手就是一整桌好菜，在此所企圖的是在中學階段開展一段或長或短的科學體驗之旅。唯有進過廚房，才會知道爐火的溫度，而每一位手藝高超的師傅，都是這樣一點一滴訓練出來的，中學是一個很不錯的科學研究起跑點。

2. 怎麼知道題目訂得太簡單？

親愛的同學，如果你的題目已經有人做過了，那麼代表你連google一下這個題目的查證程度都沒有做到，這樣做學問不太認真喔！

前面已經提供給你歷屆作品的網站，你可以地毯式掃過一遍，看看同樣是中學生的學長姊做過哪些題目，就不會鬧雙包了。

又如果這是一個答案呼之欲出的題目，有一個可能是它只是一個你好奇而想知道的知識點，是一個「what」等級的問題，翻一翻書或查一查資料，就能得到答案，那麼它就不會是一個需要花心力鑽研的題目。再想下一個問題吧！

別忘了，擬定題目之前要做許多的文獻閱讀，這都是在回答一個又一個what等級的探問，等到哪一天「how」等級與「why」等級出現，而且沒有令人滿意的說詞時，或許就是你盼望已久的研究題目了。

不論如何，人生不會白費，你這一路走來不也收藏了許多「know how」嗎？

研究主題舉例

在 看待同學的研究時，相信每位同學都非常努力，阿茜師其實不忍心 去評論一個題目是好或壞，只希望大家能夠在持續精進的路上不斷 前行。

中學生是很忙碌的，又要決定人生方向，也可能還是要繼續升學。希 望每一個人都能有那樣的幸運，時間精力花在哪裡，就能在那裡獲得相應 的成果。

下面列舉一些小論文的題目類型，它們涉及了不同的研究進程，分別 說明如下：

1. 是非題型的題目

單純只有閱讀書報或期刊雜誌文章的同學，可以針對一個是非題型的 問題或一張圖所包括的資訊，去試圖釐清與解釋，就能構成一篇小小的科 學論述文。約幾週就能完成。

2. 初探、初步分析

當你開始確定了研究的目標，例如黑洞。就可以進行一些初步的分析 與探究，並將所閱讀理解的相關知識，彙整出一篇科學論述文。通常數月 即可完成。

3. 比較類型的研究

若是確定要研究某個特定黑洞，就可以針對該對象做一些數量化與性質上的描述與介紹，並將之於其他同類但不同的對象，例如另一個黑洞也好，或者其他X光源也罷，進行比較，寫成一篇文章。大概需要一個暑假的時間。

4. 尋找相關性與原因

是什麼原因造成A這個天文物體的電磁波訊號有高有低？與B這個變因現象有關嗎？要調節控制B變因的大小變化，測量看看A有多少相應的電磁波發射強度改變，試圖為所猜測的可能原因，提出調控程度或影響天體發光強度的關係式，將所獲得的結果寫成一篇科學說明文章。可能需要八到十個月。

如果研究可進行到評論與分析，也就是論述這個研究成果的科學價值，或者將這個研究與其他人的研究進行相異處與相同處的比較，甚至連結到生活與應用，這樣的論文甚至得花上一年半載的時間。

假設沒有遇上太多冤枉路，時間越久，越有機會研究透徹。假定我們將研究方法類比為烹調魚的做法，只有花一點點時間的時候，就只能烹調一條油炸魚，還可能因為只是初學者，技巧不夠熟練，雖然魚肉是炸熟了，但是魚尾炸斷了，賣相不好；時間再多一些，多閱讀更廣泛的參考文獻，可以分析出研究成果在科學領域中的價值，就知道如何佐上辛香料來提味與遮瑕。

我們會期待那應該要將深入的程度反映在題目的豐富程度上，就如同一道「蒜蓉蔥香澆汁吳郭魚佐蜜糖白醋」。

不同層次之題目範例：

舉例	說明
・宇宙的成分--暗能量、暗物質與重子比例圖	圓餅圖的解說。
・宇宙會不會越來越亮？	是非題的探討。
・系外適居區之初探 ・電波星系相關分析	初嘗試研究者，是只確定了主食材的廚師，訂出的題目經常很像，例如○○的初步分析，ＸＸ的相關探討。連特定的分析都還無法確定，當然也就無法寫入題目文字中。
・系外恆星Kepler-22光變曲線和初步分析 ・CenX-3 X射線雙星基本物理量之計算	太陽系以外的恆星何其多，題目至少已經確定了研究對象是編號Kepler-22。同理宇宙裡雙星幾乎佔了恆星的半數，但至少選定名為CenX-3的X光源為計算與數據分析對象。
・顛沛「流」離—噴射氣流與北半球冬季氣候相關性之探討 ・聖嬰現象與臺灣東部近海漁獲之相關性	已知A和B彼此之間可能有關連，尚無法確定A與B是不是因果關係，也不確定是正相關還是反相關，或者相關性有多高，所以透過研究來確認。
・臺北盆地土壤液化的風險分析 ・震源機制解之特性探討	已知大地震後有些地方會發生某些後續災害，但是需要更細膩的風險評估。 已知地震發生的解釋方法有很多，探討不同方法在哪種情境各有什麼優勢。

 小試身手

請寫下從本單元學會的「訂題小祕訣」。

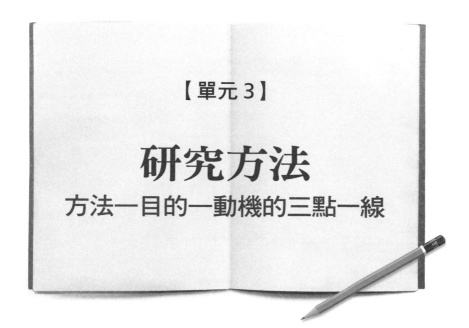

方法的重要性

　　當你起心動念，有衝動或企圖要去研究某件事，甚至花費一番工夫聚焦出一個特定方向與目的。下一步當然就是怎麼去進行、去實踐這個目的囉！在本單元，我們來談一談專題研究的方法有哪些。

　　在開始之前，先跟大家分享一則趣味諺語：

　　　　如果給人一把槌子，那在他眼中，任何東西都會變得像是釘子。

　　使用慣用手法去解讀自己觀察到的現象，這是人之常情。但科學追求的是真理，不只是你的詮釋。切記，是為了解真相，才選擇適合的方法；

不是為了配合方法而扭曲真相。做專題研究時，你必須在「動機—目的—方法」這三點一線的脈絡有所交代。也就是你的研究動機如何連結到你的研究目的，而你的研究目的又是如何藉由你的研究方法而達成。

三點一線的研究方法脈絡

　　如果你打算不加水就把一條魚煮熟，別因為看別人都拿木炭跟鐵架，你就以為魚只能用烤的。其實，換成鍋子跟油，也可以炸魚，不是嗎？請永遠記得，「不加水將魚煮熟」的做法，並不只有一種。

　　人都喜歡聽故事，因為人是可以進行邏輯思考，喜歡推論因果關係的生物。研究方法的重要程度與適切性，有賴於你能夠像說故事一樣，好好鋪陳這個方法如何有效回答你的研究目的，進而滿足當初的研究動機。

科學方法的基本特性

1.定性個案描述

　　如果要證明兩個活人有血緣關係，有人會選擇到鑑識科做DNA親子鑑定。但在科幻片裡面，如果兩個肉體的靈魂交換了，大多是用過往獨特的經驗與記憶來辨識誰是誰。然而經驗可靠嗎？記憶可以測量嗎？

國內有「桌球教父」之稱的莊智淵，在其2007年的運動技術研究所碩士論文《2002至2006世界頂尖桌球選手之質性研究》的摘要中提及：

> 本研究旨在探討2002年至2006年世界頂尖桌球選手的技術、打法和成績等特質。研究對象為2002年至2006年間的四位頂尖選手，分別為王勵勤、王皓、波爾及莊智淵，選手們在世界公認的代表性打法中皆獨樹一幟。研究的方法以資料蒐集為方向的質性研究以及筆者親身參加國際正式競賽的經驗為主。所蒐集文件、攝影、官方統計及其他量化資料的結果經過歸納、瞭解及深入分析後，研究結果為……。

以莊智淵的論文可見，「個人經驗回溯」與「資料蒐集」是他的研究方法，並採用「質性研究」的分析手段來完成，其中有瞭解、有歸納、有深入分析，這在在都需要邏輯推理的支撐。

2. 定量數據分析

常言道「數學是科學之母」。有數值才能計算，於是能借用數學分析的，必須要有可測量的項目。不少實驗是這樣進行的：題目有個大致樣貌之後，進行假設或猜想可能的原因或作用機制，再根據假設來設計變因，也就是設計可以操作的測量。

接著，透過執行設計後的實驗，逐步得到一個、兩個到多個數據。累積了大量數據之後，才有統計、圖表呈現、建立規則與模型、後續驗證等步驟。

世界羽球球后戴資穎，在其2018年競技運動訓練研究所碩士論文《剖析世界頂尖羽球女單之優劣》的摘要提及：

本研究目的為探討2017年全英羽球頂級超級系列賽中，剖析山口茜、依瑟儂、辛度、馬琳等四位世界好手技術之優劣。方法：以2017年全英羽球頂級超級系列賽中山口茜、依瑟儂、辛度、馬琳等四位選手的其中兩場比賽，總共有八場比賽的數據來進行技術剖析。本研究採用影片觀察，使用vegas100之軟體來測量殺球上網、防守回中、被動回位之時間。並採用描述性統計的平均數及標準差來呈現四位選手在這3個依變項上所耗的時間，及單因子變異數分析來檢定所耗的時間是否具有顯著差異，以做為判斷四個選手之優劣。

同為運動學系相關研究所，相隔十年之後，科技進步了，有辦法將影片進行數據分析。於是球后採用的研究方法，是利用軟體來分析，設計的變因或者可測量的項目是殺球上網、防守回中、以及被動回位的時間。

因為有數據，也才有機會後續採用描述性統計來分析。若要探討不同選手之間是否存在有顯著差異，相較於十年前莊智淵的定性分析，定量資料的出現，是科學方法上較具有說服力的特性。但由於數量還是不夠多，保守只能說是描述性的統計。

3. 邏輯性、重複性、真偽性

回到追求真相這件事，有個殘酷的事實是即使所有推理過程合乎邏輯，也不一定能發現真相。但是如果連說詞都沒有邏輯性可言，那就更難以使眾人信服。

在科學上，真假要怎麼確認？常見的做法是某人先將研究方法寫在論文裡並公諸於世，後人如果要確認其內容，也依樣畫葫蘆做做看，如果能

得到相同的結果，那麼至少可以確認這個方法可行穩當，稱為「重複性」。

有時候很幸運，重複驗證很即時，同一篇論文裡面，研究者自己就可以進行多次、多方的重複性驗證，研究的可信度可以相對提高。

前面舉例的兩篇碩士論文，都沒有辦法即刻驗證，得有賴事後追認。因此以 2021 年舉辦的東京奧運會，大家也能許夠透過轉播畫面去驗證 2018 年球后論文所述是否為真；不過要驗證 2007 年桌球教父論文所述就有困難度。因為時間間隔太長，某些選手已經不在競技場上出賽了。

大自然唯一不變的真理，就是改變。人當然也是會改變的，因此有些研究成果是有「時效性」的。運氣好，研究的主題如果建構完備，那才有可能進入到從「學說」（某某學者的說法），經多人、多方、多次重覆驗證後，成為「定律」（固定的規律）。

有一個哲學性的問題是：經過這些歷程的才算科學嗎？其實科學的定義沒有那麼狹隘，盡力而為即可。

延伸思考 科學研究和人文研究有何異同？

在人文研究中，問卷設計與調查法、訪談法、行動研究法，都是相當常見的研究方法，也可見於許多同學的小論文與專題研究。而相較起來，理科研究比較少使用這些方法，但也並非完全沒有。

「行動研究法」在教育現場很常使用，白話一點說就是一邊行動一邊進行研究，可能是我設計了一門新課程，想要解決原有課堂裏面出現的學生學習困境，然後實際去教學，事後再比較分析「有使用」與「沒有使用」新課程來教學，對學生學習改善的幅度與效果如何。

常見的理科研究，研究者相對於試驗對象而言，更像旁觀的第三者，本身不參與互動跟反應。因為在科學的解讀上，會認為研究者本身如果介入，可能會加入額外的變數，後續探討就還需要釐清學生學習表現的不同，究竟是研究者本身的教法改變，還是新舊課程設計造成差異。這是採用這類研究方法之後，分析資料時得要留意的地方。

大多數的科學研究對象也是不會講話的，不論是礦物、植物或動物，就算是動植物行為研究者，大概也不會用訪談法來稱呼自己的研究方法。問卷也是給人來填寫的，在自然科學研究領域中也就比較罕見。

就字面上看，科學研究方法與人文研究方法，在研究對象與研究題材上，前者不會只關注人、或只在乎文化。個人的因素與文化，或許會反映在科學研究假設、科學研究文字的撰寫或針對研究結果觀點的詮釋和辯論這些篇章。

　　例如牛頓是很虔誠的教徒，當他發現如果要用萬有引力解釋為什麼恆星之間不會相撞，又不能違反內心認為上帝創造世界是恆定完美的信念，於是他只好提出「乙太物質」的存在。乙太不具有質量，卻均勻充填整個宇宙，以至於天體不致相撞。

　　從牛頓的例子，你會看到一個理性科學家如何企圖在實證研究與個人宗教信仰之間達到自我說服。大多數的科學研究不一定會迫使研究者在自我價值觀與研究工作之間做出艱難取捨，不過所有的學問鑽研到後來，會逐漸越來越關心知識是如何形成的，而這就來到哲學的層次了。

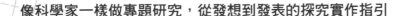

常見研究方法

　　以上介紹了科學方法的重要特性，但身為中學生，要在一份作品中同時兼顧邏輯性與重複辨真偽，是有些難度，只要把它們當作追尋目標，盡量走完從定性到定量與驗證所有歷程就好。在任何一個位置畫下休止符，都是可以接受的。

　　只要誠心實作過，收穫點滴自由心證。以下簡述幾個常見的研究方法，以及說明中學生一般可以做到的程度。

1. 觀察與描述

　　有些科學研究是針對一個個案或現象，用性質描述的方法來剖析。這種研究的前提，大多是由於該現象十分獨特罕見，或者是現在的科技還無法發展出測量這種性質的做法。

　　科學往往也是先從一個案例的觀察與描述開始，大家還記得小學的自然科作業嗎？你可能會觀察月相，並記錄時間、方位與仰角，或觀察植物與動物生長，記錄時間、外觀變化、繪圖紀實。自然界中的現象變化與生物學領域，常見的研究方法，都是從觀察與描述開始的。

　　如果你的研究目的就是要探討某個特徵隨時間變化的情況，就很適合選擇觀察與描述的研究方法。但是到了中學階段，阿茜師也期許同學們不要只停留在個案的定性描述。因為你沒有長時間在一個領域鑽研，無法評估自己所描述的這幾個個案或現象是否夠獨特，反而容易被認為研究份量太輕薄，要再繼續鑽研下去。

　　雖然某些情況之所以採用定性觀察作為研究方法，常常是因為難以精準定量測量，只能退而求其次採用進行定性分析。如果是基於此而遭到質疑，自己也要有心理準備，並交代方法取用的用意即可。

2.資料蒐集

從前述桌球教父莊智淵的研究方法可見，資料蒐集的來源包括文件、攝影影片與官方統計等，它們都屬於「第二手資料」。意思是這些資料不是來自研究者本身，文件不是桌球教父書寫的，攝影畫面不是桌球教父拍攝的，桌球教父也不是官方單位的主事者。

蒐集資料一般不會單獨存在，通常還是需要在文章中交代自己是怎麼分析所蒐集的資料。以莊智淵的例子來說，他搭配了歸納與定性描述。

再仔細推敲可以發現，即使有定量的資料，可能數據仍不夠多，或者無法從人的動作中萃取出能夠對應的特定變因，只能進行數量上相對多或相對少的描述，而無法進行絕對數值之計算或統計，因此定量資料也會搭配定性描述。

如果能耗費在研究上的時間有限，又企圖讓研究成果有一定的份量，尋找第二手已經被記錄下來的資料供自己研究所用，不失為務實的方法之一。

3. 文獻探討

如果某個領域很早就有相關的研究者，或者正是熱門的議題，可以閱讀的文獻很多。初學者光是將文章讀完，將它們進行研究取向的分類與比較，就可以是一種研究方法了。

例如單元1提到可以進行黑洞理論研究、黑洞觀測研究與黑洞模擬研究等文獻，來探討彼此之間的相同、相異或相似。也就是單元2所提閱讀「引用文獻A、甲、ㄅ」之後，找出研究目的部分的交集，提出一個相關但有別於1,2,3的目的。

此外，你也可以分析觀測黑洞自旋研究方法、觀測黑洞質量研究方法與觀測黑洞電荷研究方法，這三種方法彼此之間的相輔相成性。即單元2

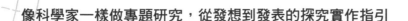

所提閱讀「引用文獻 B, 乙，ㄆ」，提出一個相關，但有別於1,2,3的方法來進行研究。

以上方式，都是呼應單元2提到小論文的重要項目「文獻探討」。它的效力甚至可以視同為科展報告書中的「研究動機＋研究目的」。特別是如果你分析探討的，正巧就是不同研究者的研究方法的異同，這也可以算是一種研究方法。

4. 分類

當可測量的數據累積到一定程度以後，我們就可以做分類，這種方法在生物學領域經常使用。

在歷史上，生物學家的分類研究，曾經從外觀，漸漸發展為看骨骼來分類生物，例如章魚是軟體動物，而鱷魚跟鯨魚都是有脊椎骨的動物。而目前的研究，認為古生物恐龍比較接近鳥類，而不是爬蟲類，也是因為從牠們的髖關骨構造來看，恐龍跟鳥可以直立行走！由此可見科學當中分類的重要性

如果是對小生物進行分類，常見做法就是在顯微鏡下做外觀觀測與描繪，既有的物種可以參照圖鑑，也能藉由比對發現新物種來拓展圖鑑內容，或者創出新的分類方式。

5. 相關性分析

如果獲得的量測數據有兩組或兩組以上，就可進行兩個變因之間的相關性分析。

舉個例子：「砝碼重」是一個測量值，「彈簧伸長量」是另一個測量值，還有彈簧的彈性係數是第三個值。利用相關性分析，可以發現砝碼重與彈簧伸長量成正比，砝碼重與彈性係數成正比，彈簧伸長量與彈性係數

成反比。

在數學觀點上，正比或反比是很強的數學關係，可以進一步寫出二元一次方程式，也就是找到了定律，這裡談的是虎克定律。

人是一種很喜歡問「為什麼」，並且喜歡尋找因果關係的生物。不過因果關係在科學上是很嚴謹的事情。你不能總是看到小的彈性係數與對應長的彈簧伸長量，就說彈簧伸長是因為彈性係數小；但是你可以基於觀察到小的砝碼重總是對應短的彈簧伸長量，而說彈簧伸長是因為砝碼重的重力所造成。

前後出現的順序不必然是因果。A造成B，那A出現後必定伴隨B。不過若是C同時造成A與B，你同樣可以在每次觀察到A時，也觀察到B，但B只是比較慢出現而已，並不是因為A才出現。

做研究時，不能太過企求結果，而忘了嚴謹，要能說得出來為何A會造成B，其中的道理、機制是什麼，符合了什麼已存在的原則，或不違背已有原理，才有說服力。

6. 建模

大多數時候，測量數據沒有那麼強的正反比數學關係，頂多只有介於0到1之間的相關性，0就是完全無關，1就是正比。因為環境本身就是一個多變因的複雜系統，某一個測量值的變動不只受一個測量值的影響，單一個測量值對該測量值的影響，只有一定程度的範圍而已。

如果將所有影響變因素全找齊了，就可以寫出一條數學關係式了。那會是物理學家口中的另一條定律，可以說明大自然運作的模式。能夠建立某領域的模式或模型供後人參照使用，在學術界是很了不起的事情。

希望大家以後看到化學元素週期表，能夠以一種崇拜敬畏的眼神看待囉！

7. 統計

有時候我們可以允許一點灰色地帶，所以只要相關性到達可信賴的程度，如95％，我們會說可以相信這個研究的結果，或者變因之間呈現顯著相關。

你也可以自己訂門檻值，相關性達到多少以上就算有相關，也是一種節省時間精力的做法。但必須在研究中說明清楚，而且最好是該領域也有其他人採用過這個門檻值，在應用方面能夠被大家接受。

從前面提到球后戴資穎的研究方法中，可以看到她使用了二手資料，且是影片的資料類型，搭配特定軟體，可以將不同的動作所需時間分別萃取出來，先累積數量夠多且可供運算的動作秒數，再使用統計常見的平均數與標準差來完成後續分析。

8. 實際採樣

很多人聽到「科學研究」時，頭一個會想到的方法，就是實際去測量或採樣，取得第一手的研究資料。

你可以使用天平測量砝碼重、使用直尺測量彈簧伸長量、用量筒測累積雨量、用溫度計量氣溫、用濕度計測水氣含量，各式各樣的儀器被設計出來，供我們進行各種數據取樣。

測量或採樣的方法，適用於是你容易且可經常觸及的研究對象，要測量的項目必須明確，如：長度、時間、質量、電流、燭光等。多多請教學校的生物、物理跟化學老師，甚至是實驗室的管理員，都可以學到很多。

測量採樣方法最大的挑戰，在於事先釐清楚基本的或獨立的變因是什麼，例如密度不是獨立的，質量或體積的改變都會影響密度。測量某處的海水密度，可能因為溫度高低而有不同的密度數值；也可能因為所含鹽份的多寡，也有不同的密度數值。

　　如果眼中只有溫度對密度的關係，在研究中很有可能就會出現相同溫度卻不同密度，或者不同溫度卻相同密度，然而不知怎麼詮釋的困境，別忘了我們處在多變因的複雜環境之中。

　　實際採樣的研究方法在理解上不難，但是這個方法的高段之處，在於你怎麼在測量之前，先純化或理想化你的研究設計，哪些變因在某些情境下是很小可以忽略的，可以只考慮一個變因而不考慮多個；以及清楚研究結果的適用性範圍。

　　一個負責任的研究者，必須將自己研究的可解釋範圍劃定清楚。否則就有誇大、隱瞞或欺騙的嫌疑。自己更要小心，不要聰明反被聰明誤。

輔助研究工具

1. 電腦程式

　　電腦可以自動進行大量且高速的計算，因此可在研究前段或後段納入輔助之用。行動要能一出手成功機率大，事前要做許多的評估與試算。可以利用電腦高速且大規模運算的特性，在真實實驗器材投資之前，先計算出一個可行的參數以供後續研究之參考，也能夠降低投注於研究中金錢與時間的風險。

　　科學研究人員有時候很像小朋友，找出了一個定則，就忍不住會想四處去測試看看符合不符合。電腦在這裡也派得上用場，科學家同樣可以利用其自動化計算流程，來加快運算速度，並擴大運算規模。

　　天氣預報即是使用超級電腦，去快速計算東亞附近從地面到太空整層大氣層，其中涉及氣溫、氣壓、三維風向與風速、濕度的六條方程式，如果大氣運作完全按照這六條方程式變化，只要電腦算得比真實運作更快，我們就能提早預見未來的天氣狀況。這就是我們現在能每天收看氣象預報

的道理。

　　要是發現不符合定則的情況，那就有了修正的機會。也唯有當例外出現在定律之外，我們才有機會反思，原來有些現象的發生是機率，而非定律。

　　例如平常空間看似是固定的，而時間是流逝的。但當移動速度接近光速時，時間跟空間都會變化。雖然說接近光速的情況很罕見，但是不能否認這樣的可能性存在，牛頓的萬有引力公式也才有適用性的調整，而非放諸全宇宙皆準。

2. 資料庫

　　現在已經是大數據的時代，網路上除了有各種不同電磁波段的天文資料庫，還有人造衛星資料庫，包含海面溫度、海面鹽度、海面高度、海面波浪、海水顏色、葉綠素含量等，另有海洋研究船所建立的資料庫。有大氣資料庫，包括氣溫、氣壓、風速風向、濕度等等。

　　這些資料使用什麼檔案格式儲存？要採用哪一種應用軟體來開啟，以進行後續的計算與繪圖？可能需要學習哪一種程式語言來處理資料？這些資料是透過哪些儀器所觀測的？其測量原理與誤差範圍又在哪裡？都是值得探索學習的課題。

　　不可諱言地，資料庫的出現，大幅節省要蒐集大量數據的人力、物力和時間，也降低了許多初學踏入研究領域的門檻。

　　公眾科學家的興起，是指大家都可以參與科學資料的蒐集與資料分析。所以提供資料回傳的平臺，也開放資料庫供大眾分析。以下簡單舉例幾個國內外與地球科學領域相關的資料庫。

天文	大氣	海洋	地質
中研院天文所_星系動物園 https://www.zooniverse.org/projects/zookeeper/galaxy-zoo/	中央氣象局_氣象資料開放平臺 https://opendata.cwb.gov.tw/index	科技部_海洋學門資料庫 https://www.odb.ntu.edu.tw/	中央地調所_工程地質探勘資料庫 https://geotech.moeacgs.gov.tw/imoeagis/
My NASA data https://mynasadata.larc.nasa.gov/ 包含冰雪圈、大氣圈、水圈、火山與生物圈的資料庫			

如何針對題目設計適當的研究方法？

我們透過四個專題研究的案例，呈現出隨著研究的進展，所採取的不同研究方法。

案例一：聖嬰與漁獲初探——文獻探討法

還記得嗎？在單元2提到「閱讀報告」與「研究題目」有何不同時，我說「研究題目」建議是三篇以上「閱讀報告」整理之後的產物，可將一次又一次撰寫「閱讀報告」的過程，視為最後收攏出獨特「研究題目」之前的暖身活動。

下面這位小芳同學因為喜歡吃魚、關心漁獲量，進而展開研究。她的小論文就是一個三合一的閱讀報告。

小芳作品範例

當反聖嬰（La Niña）發生時，赤道上的東風增強，使得西太平洋的海表面溫度較平常高，東太平洋的海表面溫度較平常低。「平常由於東風而造成海表面西高東低的型態，在反聖嬰年也得到加成的效果」（王儷樵、吳朝榮，2011）。

簡單來說，聖嬰現象發生時，該冷的地方會變熱，該熱的地方會變冷。反聖嬰現象時，該冷的地方更冷，該熱的地方更熱。

（二）聖嬰與反聖嬰現象與海溫及漁獲量之相關研究比較表

表一：聖嬰與反聖嬰現象與海溫及漁獲量之相關研究比較表

研究題目	1997-1999 聖嬰反聖嬰現象對太平洋黃鰭鮪鮪釣漁況之影響	聖嬰現象會影響太平洋漁獲量嗎？	Fish Catch is Related to the Fluctuations of a Western Boundary Current
作者	翁筱郡	劉庭安	LIE-YAUW OEY、JIA WANG、M.-A. LEE
時間	2003 年 6 月	2012 年 1 月	2018 年 3 月
研究動機	因一九八二年聯合國海洋法公約致使臺灣鮪延繩釣喪失了部分漁場，因此掌握太平洋漁況，整合、了解漁場變化將有助於臺灣鮪釣漁業永續發展。	聖嬰與反聖嬰現象會影響太平洋的水溫，水溫又影響浮游生物，而漁獲量則受浮游生物影響。	浮游植物數量的變化導致魚苗的主要食物來源的變化，而導致了漁獲量的變化。

聖嬰現象與臺灣東部近海漁獲之相關性

研究目的	1.探討聖嬰與反聖嬰現象造成海表面現象的變化及其對黃鰭鮪鮪釣漁況的影響 2.探究黃鰭鮪族群遷移的情形，以期提供尋找漁場的資訊	探討聖嬰現象和漁獲量的關係	浮游植物數量的變化與漁獲量的關聯
研究方法	1.資料蒐集法 2.利用 1998 年 Huang et al.發展的經驗模態分解法（Empirical Mode Decomposition, EMD）進行解析	1.資料蒐集法 2.利用 2009 年 Xiao 非線性的共整合方法	1.資料蒐集法 2.數值模擬（Numerical model）
結論	1. 1996-2001 年之表水溫與聖嬰與反聖嬰現象呈高度相關 2.黃鰭鮪最低適水溫為 18℃，最高適水溫為 30℃ 3.聖嬰與反聖嬰影響釣獲率及漁場重心 4.聖嬰與反聖嬰現象對東太平洋黃鰭鮪釣獲率影響明顯，中西及西南太平洋則不明顯	聖嬰現象對於漁獲量有正向影響，但是其影響係數會隨著不同的捕獲量而變化	1.漁獲量與黑潮的流向呈正相關 2.在冬季到早春的繁殖季節，浮游植物的濃度顯著提高加上水溫在最適合魚類生長的範圍內，因此漁獲量較高

（表一資料來源：翁筱郡（2003），劉庭安（2012），OEY 等（2018））

　　觀察表一發現，OEY 等人（2018）研究的結果顯示漁獲量與黑潮有一定的關聯，而翁（2003）的研究結果則顯示聖嬰現象對漁況有影響。更進一步，劉（2012）的研究目的為探討聖嬰現象與漁獲量的關係，其結論則是聖嬰現象對漁獲量有正向影響。本研究的範圍再進一步縮小，以探討臺灣地區及臺東縣的漁獲量與聖嬰及反聖嬰現象的關聯為目的。

　　文中活用在單元2出現的表格，特別仔細推敲三篇文章的研究方法，彙整出前人研究的方法有：採用大量資料、使用經驗方程式分析、以及採取電腦模式模擬的手法。

　　分析、比較完前人研究的範疇後，凝聚出自己的研究時空、研究對象與「研究題目：探討臺灣地區漁獲量與聖嬰現象的關聯」，得到中學生小論文特優的獎項，實至名歸。這是一個以產出研究題目作為小論文結果的例子。可見透過舉辦小論文競賽，推廣重視文獻探討與回顧的用意。

> **案例一的「動機—目的—方法」選取：**
>
> 　　以浮游動物群集結構變動探討上行控制於東海長江出海口及臺灣東北海域之適用性-資料蒐集＋統計法。

　　接下來，若不打算走太多冤枉路，也可以仿照前人作法，開始去思索臺灣漁獲量的大量資料該如何取得。甚至之後再利用已有大量資料的優勢，引入統計方法來計算相關性，再得出能用數學方程式描述的規律性。

　　與這個題目有關的實驗設計，就是其時間與空間的界定，空間設定為臺灣漁獲，也緊扣了蒐集資料庫的來源；時間設定為聖嬰年與反聖嬰年，則得參考目前已經認定哪幾年屬於聖嬰年、哪幾年屬於反聖嬰年，將所取得的漁獲資料按年份分類即是。這些都有對應的官方網站資訊可以獲得。

　　以小芳這篇報告來說，前半部的研究十分順利，之後小芳延伸往上追究，想了解魚的食物，也就是海洋浮游動物的數量以及種類，在臺灣附近的不同年份，是否也會變化，進而造成漁獲量的起伏。

　　哪裡有浮游動物的調查數據呢？因為小芳自己不會開船，也沒有那麼長的時間可以在海上航行蒐集資料。為此，她爭取獲得大學海洋生物相關實驗室的協助，與同班同學小瑛的加入，自主學習統計學常用的R程式語

言，來輔助她的海洋環境與生物研究工作。

　　還記得單元2有關變形的評估矩陣嗎？對小芳和小瑛來說，會是長這個樣子：

人	事		時間	地點	物
	研究對象	研究方法			研究工具
1人	臺灣漁獲	相關性	2個月	學校	網路 資料庫
2人 +實驗室 數人	浮游動物	相關性	20個月	學校 +大學	研究船採樣 大學儀器 程式語言

案例二：噴射氣流與寒流初探—— 文獻探討法

　　小蓉起初是對寒流產生了興趣，也閱讀了三篇《科學人》的雜誌文章，閱覽過程中發現不少專有名詞。為了明白這些不見得會在課本出現，但又會在媒體聽聞的專有名詞，下一步就是再去閱讀這些專有名詞在相關資料中的說明。

　　因為三篇並沒有完全共同的關鍵詞，阿茜師和小蓉就討論不妨就將這些名詞彼此之間的親疏關係做個整理，於是就有了這一篇小論文。

小蓉作品範例

一、噴射氣流與北極震盪

用這兩段解釋兩個名詞之間的關聯性

　　噴射氣流（Jet Stream），又稱高速氣流，是數條圍繞地球的狹窄高速氣流帶，高度多分布在對流層頂。各緯度地區都有存在噴射氣流，極地噴流是其中的一個。其寬數百公里，厚數公里，風速可達每小時 200 至 300 公里的偏西風。現今大部分被應用在飛機的航道上。

　　中學課本中提到風速大小受氣壓梯度力決定，而極區的氣壓變動可以用「北極震盪」（Arctic Oscillation, 簡稱 AO）來表示。該氣候振盪的起因源自大氣與海洋的交互作用。每次振盪的強度若用指數來表示，可以量化特定地區的冬季氣壓分佈與長期平均值的偏差範圍。該指數是北半球北緯 45 度的地區與北極地區 12 月～3 月之海平面氣壓的高低比較。AO 指數正值代表北極地區氣壓偏低，稱之為「正相位」（如圖 1）。相反的狀況則被稱為「負相位」（如圖 2），冷氣團較容易往南影響中緯度地區。至於詳細原因將於接下來詳述。

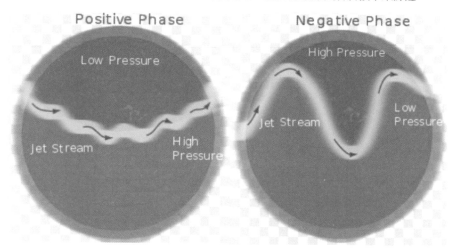

圖 1、圖 2 噴流示意圖

圖片資料來源：

https://zh.wikipedia.org/wiki/%E5%8C%97%E6%A5%B5%E6%8C%AF%E7%9B%AA

二、與極地噴流相關的名詞簡介

再用四段，分別解釋它們與前述其中一個名詞的關聯性

（一）熱力風

某地受熱導致其上方空氣膨脹，密度變小，形成加熱區與非加熱區之間的氣壓差異，再加上科氏力作用，且不計摩擦力造成的影響，平衡後的風稱為地轉風。相同的情況由低層到高層持續，其中各層地轉風因為各高度切面氣壓梯度不同所形成的向量差就是熱力風，熱力風最終必會平行等溫線。

當熱力風風速達 65kts（120km/hr）即稱為噴流。而北極的極地噴流正是由於和中緯度地區的溫差較大，產生氣壓梯度力，加上北半球的科氏力影響，風向往右偏轉，最終形成對流層頂東行的北極極地噴流。而極地高空氣壓較低會使南北向的氣壓梯度力增大，熱力風（也就是噴流）增強，氣流運動以東西向為主籍住北極地區的冷空氣，阻擋其南下。因此，AO指數為正（極區氣壓偏低）時中緯度地區較不受極地冷空氣影響，冬季溫度較為穩定。

（二）極地渦旋

極地渦旋是大氣層上部的低壓中心所形成的渦旋，周遭環繞著強烈的氣流即為極地噴流，有助於把極區的冷空氣團留住。由於冬季陸地較海洋適合冷空氣發展，北極的極地渦旋中心有兩個。一個位於北美洲北方，另一個位於西伯利亞地區。低氣壓會使極地渦旋增強，擁有較強的噴流，因此得以把冷空氣困在渦旋之內。這也是 AO 指數為正時，中緯度地區較不受極地冷空氣影響的原因之一。

（二）北極放大效應

北極上空有一團強烈的冷空氣。平常，這些冷空氣被極地渦旋的噴射氣流侷限在北極地區。在全球暖化的背景之下，極地暖化速度由於海冰融化，減少了陽光的反射。因此海洋會吸收更多熱，再使冰融得更快速。這種惡性循環稱為北極放大效應（Arctic amplification）。此現象不僅使北極地區暖化速度較其他地區急遽，更使極地與中緯度溫差及壓力差大幅縮減。壓力差縮小使 AO 易呈負相位，打亂原本平行緯線方向為主的噴流，而使其波動在南北方向的振幅增大，冷氣團變得容易南下。

(三) 平流層瞬時暖化

平流層瞬時暖化(Stratospheric Sudden Warming, 簡稱 SSW)是指高緯地區的平流層在 12 月至隔年 2 月之間會有一小段期間出現快速增溫的現象。極區西風會減弱或反轉成為東風，且持續數天或數個禮拜。SSW 的主要發生原因是出於海陸分布的差異，使極區的地面及對流層容易產生不規則的氣壓差異。該氣壓差異造成的擾動干擾到平流層，再進一步影響到極地噴流的穩定度。

這篇小論文呈現了一個科學入門生的練功過程，因為每一個現象或每一個專有名詞，都是一個或一群科學家的研究成果，於是這篇小論文也可說是將歷代相關領域科學家的工作貢獻一一列出，並介紹彼此親疏關聯。

科學家使用了A名詞來解釋a現象，後來發現B變化與A有關，再仔細分析發覺原來A就是C的加強版，更多人加入比對的行列發現D與B是一體的兩面，然後A+B不斷循環強化就是E，而F出現時這樣的循環就開始加強。a、A、B、C、D、E、F，分別來自不同科學家的工作。A與B就像巨人的兩條腿，弄懂了，再往上爬梳鞏固C-F的軀幹結構。到此才能說服讀者，她已越過巨人的肩膀，可以看得更遠。

回頭再看一次文章，你比對得出來a、A、B、C、D、E、F，分別代表哪個名詞嗎？答案如下：

a：AO指數、A：噴射氣流、B：北極震盪、C：熱力風、D：北極渦漩、E：北極放大效應、F：平流層瞬時暖化。

這篇高一時的閱讀報告延伸版，獲得了教育部中學生網站小論文優等的成績。這樣的工作，就是一般在科學報告內文獻探討的章節，通常會落在研究動機之後、研究目的之前。

雖然沒有設計實驗，也沒有數據跟圖表分析。它正暗示我們，真正下手企劃實驗流程之前，要讀的還有很多，要釐清的也不少。

我們很幸運能夠生活在擁有前人智慧結晶的現代，若想要以前人研究為基底，再往上推進人類科學的成就，最節省時間的方式，就是細數這沿途的珍貴寶石。不需要因為別人說話盡是一些專有名詞的堆砌，就起了厭惡感。這是全人類共有的智慧財產。如果下了很多閱讀的苦力活，是夠份量寫一篇小論文來記錄的。

案例二的動機-目的-方法選取：

臺灣極端寒流個案與東亞地區冬季氣候之關聯-資料庫＋相關性分析

起初小蓉是因為臺灣發生霸王級寒流，而有了研究的動機，小論文完成後，接下來她思考哪裡有數據，可以用來驗證臺灣發生寒流的時候，是不是也出現了「噴射氣流─平流層瞬時暖化」的關係？這樣的寒流是史上未見，還是過去也發生過？

她必須自己定義她研究所關注的特別冷的寒流，而不是普通的寒流。中央氣象局有氣溫的資料，但是她還需要更上游的資訊，也就是影響最終冷空氣到達臺灣之前的大氣狀況的相關測量數據。

教科書介紹了世界氣象組織規定每天要測量的大氣數據，同時各國都在統一平臺上共享各自量測到的數據。因此，她爭取大學大氣科學相關實驗室的協助，與同校同學小庭的加入，學習氣象界常用的程式語言，來輔助處理巨量的大氣科學資料庫數據，完成臺灣寒流的研究。

後來「臺灣極端寒流個案與東亞地區冬季氣候之關聯」這個題目，花了兩位同學超過兩年的時間鑽研，並獲得2020年臺灣國際科展二等獎的

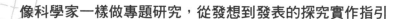

殊榮。

對小蓉和小庭來說，她們的變形評估矩陣如下：

人	事		時間	地點	物
	研究對象	研究方法			研究工具
1人	大氣機制	文獻探討	2個月	學校	電子期刊
2人 +實驗室 數人	臺灣極端寒流	相關性	25個月	學校 +大學	大氣科學資料庫 程式語言

案例三：土壤液化風險分析——資料庫+統計

當臺南發生嚴重的土壤液化之後，身在臺北的小依與小伶不免擔心類似的情況是否會發生在臺北盆地？各個行政區的液化情況會一樣嗎？出現液化的機率相同嗎？查詢發現地方政府與中央機關公布的圖片不完全相同，誘使她們想釐清就中間的不一致是怎麼產生的？

科學家的工作，有時也來自於人性的懶惰。我們都在適應環境，都期盼趨吉避凶，想要早一點看透大自然運作的模式，早一些預知未來變化的方向，才好因應。要是大自然運作真的有一個規律存在的話，我就大量收集數據，歸納出一條方程式。未來有其他的情況，我就代入方程式，就可以快速解出答案了。

於是兩位同學想要探討土壤液化的發生機會時，就在閱讀中找到了Seed的經驗公式。只要按照公式所需代入的項目收集測量數值，就可以計算出任何一個地點的土壤液化機率。

Seed的經驗公式

　　Seed經驗式或稱seed法，是一種可以計算土壤受地震力之後安全係數的公式，換句話說也可透過帶入公式後所得結果，用於了解分析土壤液化，由Harry Bolton Seed於1985年提出。詳細計算流程可以參考下方作品內容。

　　不過大自然的情節，真的會按照人類的劇本走嗎？有多少機率會發生脫稿演出的情況呢？透過持續閱讀並向大學地質相關實驗室請益，她們接觸並理解蒙地卡羅法，可以透過大量數據的統計來描述Seed經驗式或其他曲線方程式的切合性。

　　蒙地卡羅法可以隨機產生大量數據供分析，大幅減省研究時間。既然要使用大量的數據，就很適合採用電腦程式來協助，於是也學習MatLab程式語言。最後這些都一一在她們小論文的研究過程段落中交代出來。

蒙地卡羅法

　　蒙地卡羅方法（Monte Carlo method），也稱統計類比方法，是採用機率統計理論發展出來的數值計算方法，可說是使用亂數來解決很多計算問題的方法。蒙地卡羅方法在總體經濟學、計算物理學、機器學習等廣泛領域皆有應用。

MatLab

MATLAB（Matrix Laboratory）是一種用於資料視覺化、資料分析以及數值計算的進階技術計算語言。MATLAB 主要用於數值運算，但它也適合不同領域的應用，例如影像處理、深度學習、訊號處理與通訊、金融建模和分析等。

小依、小伶作品範例

台北盆地土壤液化的風險分析

二、研究過程

(一)、　Seed 經驗公式

　　Seed 經驗公式是一種計算安全係數的公式，1985 年由 Harry Bolton Seed 提出。而本文使用的是 1997 年由 Roberson 與 Wride 修正的 Seed 公式 （見圖四）。透過公式修正現地測量取得的各項數據，算出安全係數。表 1 為公式所需數據的取得方法。

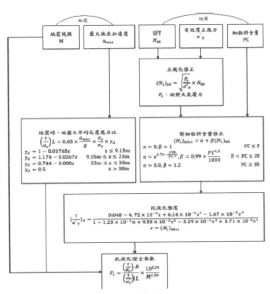

圖四 Seed 流程圖（註7）

表1 各資料的取得方法

公式所需數據		取得方法	現地資料
地震規模		假設數值為 7.7	
地表最大加速度		見名詞解釋（三）	
SPT-N60		SPT-N*0.6	SPT-N
總應力		土壤單位重*深度	土壤單位重（g/cm³） 深度（m）
有效覆 土應力	地下水位>深度	總應力	土壤單位重（g/cm³） 深度（m） 地下水位（m）
	地下水位<深度	總應力－孔隙水壓	
細粒料含量（%）		沉泥含量+黏土含量	沉泥、黏土含量（%）

表中各項現地資料由大地工程技師事務所提供。（現場土壤取樣見附錄一）

台北盆地土壤液化的風險分析

(二)、　　蒙地卡羅法（Monte Carlo method）

蒙地卡羅法為計算失效機率的方法。一個計算式中的變數以 n 筆亂數代入，求得 n 個計算結果中不符合該結果有效範圍的比率。而亂數的分布、平均值與標準差，可以假設或透過真實數值求得，其目的在於提供大量的數據，讓結果更加貼近實際情況。以下為求出失效機率的過程：

1、　用 Excel 求出各個變數，包括深度、細粒料含量、SPT-N60、有效應力、土壤單位重的算術平均數與標準差。（見表 2）

表 2 各資料的平均值與標準差

	深度	細粒料含量	SPT-N60	有效應力	土壤單位重
平均值	4.49	35.66	7.86	0.64	2.00
標準差	2.14	18.14	5.06	0.25	0.14

2、　藉 MATLAB（程式碼見附錄二）畫出除了深度以外，四個變數的不同曲線分布圖來確認其最符合的分布狀態。其中深度為人工測量時固定的等差數列，故直接設為常態分布。執行後，程式會輸出七種曲線分布圖供我們比較。我們以單位重為例，選擇其中五種分布做比較。（見表 3）

表3 單位重的曲線分布圖比較

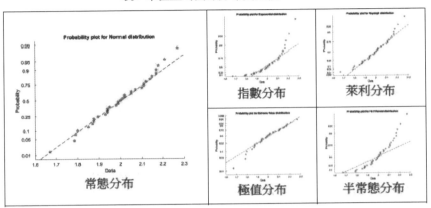

由表3可知常態分布最符合單位重的分布圖形。因此我們便用常態分布產生單位重的亂數。仿造上述過程，依序可得其他如有效應力等各個變數的最佳分布曲線並產生亂數。（見表4）

對小依和小伶來說，她們的變形評估矩陣如下：

人	事		時間	地點	物
	研究對象	研究方法			研究工具
2人	液化機率	文獻探討	10個月	學校	電子期刊資料庫
2人+實驗室數人	風險分析	相關性	10個月	學校+大學	程式語言

案例四：以關渡濕地沉積物分析環境因子對甲烷通量之影響——實地採樣

　　小昭想要了解濕地裡微生物作用對溫室氣體排放的影響。潮間帶有乾潮也有滿潮，後者很難取得土壤且有危險性；四季的溫度變化也可能影響微生物的活動。

　　於是她採用一種折衷的方式，她在乾潮的時候到河口挖取泥土以及河口處的水回來，利用在盒中土壤上方蓋水於否來模擬潮來潮往的情境，將盒中土壤放置在攝氏10度冰箱與攝氏40度烘爐裡模擬冬夏之別。

　　你絕對可以挑戰她，這樣跟真實環境有所差別，也當然可以質疑她得出的推論放到真實環境中的適用性有多大。這就是實際採樣，後經實驗室培養模擬真實環境時會遭遇的挑戰，但是我們不因困難而放棄，而是要在已知限制和不足下，謹慎分析、小心詮釋。

　　要怎麼確定土壤樣本中的微生物生活情況呢？有一種微生物生活需要消耗甲烷來產生能量，因此可以簡單假設若該種微生物大量繁殖，自土壤釋放出的甲烷含量會下降。小昭需要能夠測量甲烷濃度的氣體成分分析儀器，她爭取獲得大學地質化學實驗室的協助出借使用時段。

　　另外，有一種微生物生活需要消耗硫酸鹽這種成分來進行生化反應，因此可以簡單假設若該種微生物大量繁殖，土壤中所含的硫酸鹽含量就會下降。於是小昭還需要能夠測量土壤孔隙水中硫酸鹽成分的分析儀器，她又獲得大學海洋化學實驗室的協助出借使用時段。

　　對小昭來說，她的變形評估矩陣如下：

人	事		時間	地點	物
	研究對象	研究方法			研究工具
1人+實驗室數人	細菌甲烷排放	實地採樣+實驗室培養	15個月	學校+大學	實地採樣大學儀器

自行採樣之必須和自組設備之必要？

地球科學屬於基礎科學裡面比較接近應用科學的一端，在漫長的宇宙與地球歷史中，以人的一生來度量，不容易想像，時間太長也不容易讓一個高中生進行測量；涉及浩瀚太空與廣博大地深海，某種程度來說，距離學生的生活經驗太遙遠，空間也太大。同時影響的因素又很多。有時候只能用一種簡化比擬的方式來假設真實環境。同時也可以善用現有資料庫的資源。

近年來自造者風氣興盛，有商家在販售二氧化碳感測積體電路元件，可以搭配 Arduino 程式語言，將儀器偵測結果數據顯示在筆記型電腦或液晶螢幕顯示器上。

若不計電腦成本，單就感測積體電路元件、訊號線材等，數百元可以將整個裝置建置出來。你當然可質疑感測元件的精確度與誤差範圍，這就是當有高級儀器可以借用與初級設備可自製之間，在科學與取得限制上需要考量的。

相同的原理，為什麼實驗室的儀器那麼昂貴呢？因為把整個線路組裝起來，提升測量精準度與穩定度，是有商業價值的，也是工程領域所追求的。

國家實驗研究院發行過科學發展期刊 https://ejournal.stpi.narl.org.tw/sd，雖然 2021 年停刊了，但是你還是可以參考許多五年與十年內之過期雜誌的電子檔，仍然可以幫助你更加理解科學與科技的應用。

Arduino程式語言：

Arduino是一家製作開源硬體和開源軟體的公司，Arduino允許任何人製造Arduino板和軟體開發。Arduino始於義大利某個互動設計研究所的學生任務，目的是為新手和專業人員提供一種低成本且簡單的方法，以建立使用感測器與環境相互作用的裝置執行器。

此類裝置的常見範例包括簡單機器人、恆溫器和運動檢測器。Arduino這個名字來自義大利的一家酒吧，是因為一些創始人過去常常會去這家酒吧光顧。

教育專業上，我們稱以上四個案例是任務導向的學習（Project Based Learning），是針對某一個研究任務所需，選用某種研究方法，進而去學習某些特定的技能，也都仍然堅守著「動機─目的─方法」三點一線的精神。小芳和小瑛，她們可能並未要朝向工程師的未來前進，也不會寫C語言，但是學會使用R語言、MatLab語言、Fortran語言或Python語言，為了將資料庫的數據資料轉為可用圖表詮釋的科學資訊。小依和小伶，她們並沒有要研究人工智慧，但只要視研究需要，去評估哪一種方程式所代表規則在真實世界應用時的效率較高，才會使用到蒙地卡羅方法來進行評估，或是小芳與她的同學小瑛採用人工智慧的圖形辨識擔任研究助理協助快速篩選生物物種。

專題研究作品可以展現出這段美好三點一線的脈絡，未來若有機會在科展現場介紹作品的時候，阿茜師也一定會叮嚀學生要把一路走來的歷程交代出來，真正打動人的是情節，是劇情，不是結局。

小試身手

以下數個題目,試著連連看,你覺得使用哪一種方法較為合適。

題目		研究方法
聖道島石筍的鈾釷定年及碳氧同位素分析		觀察與描述
介面浸水影響無束制塊體滑動行為之探討		資料蒐集
東南太平洋層積雲特殊現象_局部地區開放胞由封閉胞包圍		文獻探討
電波星系之光譜分析		分類
星系中心核球與黑洞質量之關聯		相關性分析
模擬天體潮汐撕裂現象		建模
高屏峽谷流場分析		統計
不同太陽週期磁暴先兆之分析		實際採樣
自訂題1		電腦程式
自訂題2		資料庫
自訂題3		其他

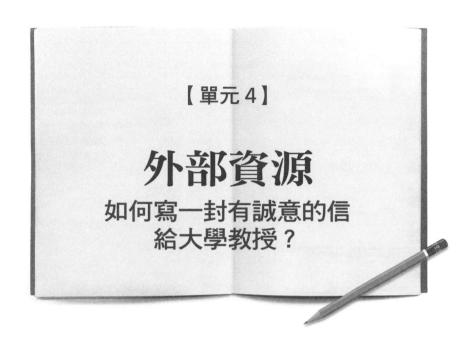

【單元4】

外部資源
如何寫一封有誠意的信
給大學教授？

在單元3所舉的例子當中，有些同學在進行專題研究時，商借了大學實驗室，使用裡面的設備做研究。身為中學生的他們，為什麼要特地去大學實驗室？又是如何爭取到這些外部資源呢？

為何研究要尋求外部資源？

你可能會想，我自己的學校就有器材、有教室了，為什麼做科學專題研究，還會需要大學的資源呢？

科學探究和課本裡面附的練習實驗活動不同，程度與份量往往更加進階。當你已經累積了大量的課外閱讀，對研究方向也聚焦、探問，甚至開始收集數據。這時，你的專題研究可以走得多遠，就取決於你有多少工具和能力繼續深入。

若是數據後續的分析所需要的設備與資源，已經是一般中學校園實驗室所沒有的配備，這時勢必須要向外尋求協助。

事實上，在科學研究中，尋求外部資源或合作是很常見的情況。即使是大學教授或國家研究人員，當經營實驗室或研究上有額外需求，也會向外申請協助。

比如說，研究員有一個獨特的沉積物樣本，需要分析元素組成，卻沒有相應儀器設備。在大學中常見的情況，可能是不同系所的教授互相合作，或透過共同主持研究計畫來完成。擁有儀器設備的教授，也會積極瞭解儀器還有什麼新的應用領域。學者們也會透過國際合作的方式，互相交流儀器設備或特殊人才。

各指導者在專題研究上扮演的角色

1. 校內老師

同學們會著手進行科學專題研究，多半出自課堂老師的鼓勵。參加各種科學競賽、全國科展、小論文競賽時，校內的自然科老師往往就是第一個指導者。有些競賽甚至會指定校內老師擔任指導者。

中學教師是最理解青少年認知與心理發展的人，也是最熟悉中學生先備數理與語言能力程度的人，也最明白若要增強難度該怎麼拿捏，卻不至揠苗助長，可說是最好的陪練員跟教練。校內老師能讓學生在兼顧升學課業與課餘科研之餘，透過專題研究拓展學生的能力。

2. 大學教授

在單元3中，我們提到目前如雨後春筍般的線上資料庫。現在的中學生要做科學研究，最大的困難不見得是取得數據資料，反而是面對這麼多國際級、高品質的資料時，該怎麼設定一個有意義的科學問題、該用什麼

分析方法好好善用資料，從中發掘出科學新知與價值。

哪些問題已經被研究過了？哪些問題還有待探究？這大抵是每位研究者在開啟一個新的科學任務時，一定會有的焦慮或疑惑。最根本的解決之道，就是了解各領域目前的發展狀況。這也是「文獻回顧」的一部分。

在科普書、科普雜誌以外，更進階的閱讀資源管道，其中之一是「臺灣碩博士論文知識加值系統」（https://ndltd.ncl.edu.tw/cgi-bin/gs32/gsweb.cgi?o=d）。你可以搜尋關鍵字，瀏覽論文摘要，大致了解該領域最新的進展狀況。加入會員，就能閱讀電子全文。

要讀懂一篇論文，所需要的知識可能涉及大學以上的程度。這時候，除了校內老師之外，大學教授的協助就相當重要。

大學教授除了對該領域有更專精深入的瞭解，本身也是我們研究時絕佳的學習典範。向教授請教的過程中，可以從旁學習教授是怎麼看待與思考問題、了解教授的工作環境與生態，甚至有機會認識不少實驗室的大學學長姊、研究助理人員。這些都會成為你生涯探索上難得的經驗。

3. 校園以外的研究機構

研究人員除了在校園工作，也可能會在企業的研發部門或是國家實驗室服務。在解讀專業論文、實驗操作技能、精密儀器操作、樣本分析、職業探索與理解、人格特質適切性評估等，都能給予專業的協助。

中學教師與學生關係
最密切

大學教授可做為研究
典範

校園外也有各種專門
研究機構

中學生的科學研究獎助計畫

　　早期在學生時代做科學研究，對於背負升學壓力的同學來說，是一件風險很高，投資報酬率很低的事情。多數人是做完了研究，去報名校內科展；如果出線，再被推派去參加縣市級科展；若能過關斬將，才有機會參加全國賽或國際賽。

　　儘管比賽有機會獲得獎金或一紙獎狀，但實驗過程中付出的化學藥品購買、原型到一改再改版進化設備架設材料、採樣路程中的交通費與伙食費，這些不論得獎於否，都需要先自費負擔，更別談付出的時間與精力。這並不是友善科學人才培育的環境。

　　在民國85年，教育部創辦了「青少年科學人才培育計畫」，責成國立臺灣科學教育館（簡稱科教館）主辦，邀集各級教育主管機管協辦，也納入民間企業的贊助。

　　青少年科學人才培育計畫的目的，是提倡「應用專題導向」的學習模式，鼓勵學生以個人或小組方式合作，創造自己的科展專題作品。期許培養中等學校學生科學研究興趣，提高科學教育水準，並藉由發掘、輔導及培育等機制儲備未來科技人才。由科教館聘請大學校院、科學學術研究機構相關專長之教授或研究員來輔導。對於國二到高二的學生來說，補足了最缺乏的「經費」跟「指導人脈」資源，只要提出研究計畫申請案即可。

　　約莫十年後，臺北市政府也創立「臺北市中等學校學生科學研究獎助實施計畫」，邀請國立臺灣師範大學科學教育中心，共同來激勵臺北市公私立中等學校的學生從事科學研究。

　　阿茜師很鼓勵各位同學在科學研究過程中，盡量嘗試申請科學研究獎助計畫。而且計畫完成之後的作品，同樣可以報名科展。經過了獎助計畫的扶植，對於即將參加科展的研究作品，你跟你的老師應該會更有信心。由於學校是走學期制，而校外獎助計畫活動一般是按年度制規劃，大多在

三月開始收件，十一月完成結案。

　　強烈建議同學們申請研究計畫時，不要單單只有模糊的創意發想就下筆寫企劃書徵求補助。穩紮穩打的作法，是在寒假或前一個學期，將初步實驗數據，連同所採行的研究方法與目前已有的研究結果，都接續寫在原有小論文後，再來撰寫爭取研究獎助計畫的申請企畫書。這樣可以提高獲得補助的機率，畢竟有了一點成果，就是原設定的研究方法確實可行的明證。

　　實際上教授與研究人員在申請政府或民間計畫時，也需要拿出自己過去的研究成果，當作研究實力的佐證。

附件 3-2

2021 年(110 年)青少年科學人才培育計畫
研究計畫內容

計畫名稱：

內容包含：

摘要

壹、研究動機

貳、研究目的及研究問題

參、研究設備及器材

肆、研究過程或方法及進行步驟

伍、預期結果、已有初步之結果

陸、本計畫之創見性及其未來應用

柒、結論

捌、參考資料 (文獻) 及其他

玖、計畫執行進度表(如後 P.15)

壹拾、研究經費明細表(如後 P.16)

書寫說明：

1. 內容一律以 A4 大小紙張由左至右打字印刷（或正楷書寫影印）並裝訂成冊。

2. 內容使用標題次序為壹、一、(一)、1、(1)。

3. 參考資料書寫方式請參考 APA 格式。

寫信給大學教授或研究人員的注意事項

在進行專題研究的過程中，如果你需要大學或研究機構的外部資源，寫信給教授時，有一些小地方必須特別注意，才不會請求不著，反而踩到地雷。

1. 稱謂、問候語不可有錯

大學教職分為許多頭銜，從助理教授、副教授到正教授。嚴格來講，只有正教授才能稱得上「教授」，在其服務單位的官方網站都會載明。

不過「禮多人不怪」，初次寫信給老師時，可多以「教授」稱呼之，如：楊教授您好。若是去信給中研院、工研院或國家實驗室等科學研究機構或民間研發部門，可以「博士」稱之，如：楊博士您好。如果對方認為有任何不妥之處，在回信給你的時候會讓你知道可以如何稱呼他，我們再恭敬不如從命。

在信末，可以簡單寫「敬祝　身體健康　萬事如意」，給大學教授可以用「教安」，暑假期間可以用「暑安」，節日前夕可以適時放上祝福語，如「教師節快樂」、「耶誕平安」、「新年快樂」與「佳節愉快」等等。最後用「學生○○○敬上」結尾。

2. 自我介紹很重要

在提出請求前，記得先告知對方你的校名、年級與姓名。如果是兩個人組成的團隊，要把每個成員的名字都列出來。清楚說明你念的是國中或高中、幾年級，這是為了讓對方知道你目前的知識起點大致在哪個程度。報出所有人的姓名，對方才會知道你們團結起來有多少人力。

接下來要說明你是基於修課要求，如：多元選修課或校定必修課，還是預計參與競賽，或者是自主學習。你要進行的是否為進階、甚至超過中學實驗程度的專題研究。

接著是最重要的部分，也就是告知對方你「預計用多少時間」完成你的研究計畫。一般大學教授面對的多是全職研究生，抱有數年之內完成論文並取得學位的企圖心。但是你只是對科學初展熱情的中學生，也有課業必須兼顧，要真切告知對方你能夠投入的時間。

比如說週間回到家，盥洗與吃完晚飯後，你可能在睡前有3個小時的時間，若花2個小時完成學校功課與複習準備考試，那麼就是每天有1個小時做專題研究，然後週休二日兩天可能再多6小時，那麼你每週花在專題研究上的時間就是11個小時。新課綱高中生每週有2~3小時的彈性自主學習時間，整合後再往上加，就是每週15個小時左右。

然後就是告訴對方你預計「什麼時候完成研究」。如果你高一寒假開始寫信尋找外援，有些高中生可能會給自己一年半的時間，在升上高三之前完成。若是搭配校內課程期末成果展現，可能時間更短，只有半年不到。

我們以兩年期的全職碩士來做比較，假設大學畢業之碩士班學生每天花4小時做研究，且扣除寒暑假，以10個月計算，碩士班學生用 4 小時 × 30 天 × 10 個月 × 2 年 = 2400個小時完成一份科學研究作品；而你花了 18個月，那就是 15 個小時 × 4 週 × 18 個月 = 1080 個小時。

切記，大多數的大學教授沒有跟高中生相處的經驗，你要讓對方明白我們目前的能力不太足夠，能夠付出的時間也有限，但是我們誠摯的需要對方予以協助與指導。

不用介紹你家有幾個成員，不用介紹你的興趣或特殊才藝。有些教授會請你提供在校成績單，以確認指導研究會不會影響你的課業。你得在規劃上挪出足夠的時間，拿出十足的誠意，而且努力確實達成目標才行。

3. 簡潔清晰的目的

如果你的專題研究有明確的目的，比如是校內課程要求在6月份完成一個科學作品，或者你可能預計在11月底完成青少年科學人才培育計畫，也可能是隔年2月的校內科展報名。在請求指導時，也要具體告知你在未來什麼時刻預計完成哪些事情。

科學界發表研究成果，有同儕審查機制。讓教授知道你有參加校外競

賽的企圖心，跟單純只是自主學習或中學修課報告成果，對教授來說，這兩類作品的要求，可能會有所不同。畢竟參賽就涉及同領域其他教授也會參與審閱，你的作品不會單純只是科學技能的練習，它的研究產出要能在科學要求上站得住腳，甚至要能夠對科學進展提出貢獻，才夠資格端出門。

這也讓教授評估他是否要答應指導與協助我們，以及評估將採用怎麼樣的形式與程度來參與。如：以顧問的形式，我們有不懂得之處可以再去信詢問；讓我們使用教授實驗室的設備；教授動用他的資源安排研究助理或研究生來指導我們操作或分析；教授將我們納入他研究室定期回報進度會議的參與者之一。親疏遠近的差別可能十分巨大。

4. 自己下的工夫

以上資訊都提供後，才開始陳述你對自己研究目前的理解、報告你閱讀過那些文章、你的理解為何、你是否有初步研究之成果、你是怎麼設計實驗與取得資料等等。如果你曾經寫過小論文，這段文字可以說是小論文的摘要，在信件中向教授報告。

這些資訊提供給教授的，是在過去的幾個月裡面你能夠做多少事情，用以評估你現階段的研究實力與動能，參照你的期限與預期達成的效果，你究竟是高估還是低估這整件專題研究的負擔。

從你所描述的理解程度，教授能判斷你的知識水準到哪一個位置，可能沒有讀通，也可能有參透並掌握精隨。這樣教授才知道接下來如果要協助你，要從哪個程度開始。換句話說，你展現的是當一個中學生要邀請大專教授協助你時，你的潛能在哪裡。

5. 具體清楚的疑問

　　到此，才開始進行說服教授出手協助我們的請求，這十分類似我們在單元3談到「動機—目的—方法」的「三點一線」脈絡說明。

　　有可能你預計分析樣本，但缺少儀器，而教授的實驗室是這方面的專家，沒有教授的協助你無法成功。可能你有興趣研究涉及的領域，教授在國內是第一把交椅，請益最適合不過。也可能你起初就是閱讀這位教授所發表的文章，今天將你閱讀所獲向他報告之外，也將自己思索過後、欲以實驗檢測的疑惑點，拿來跟教授討論後續的可行性，可說是慕名而來。

　　你越能夠具體說明目前的疑惑或待支援之處，教授越明確知道能夠怎麼回應你。有時，也可能我們完全搞錯方向、找錯人，但也可能獲得教授進一步引介更適合的指導與協助者。有可能我們現在相關知能太少太弱，但也許有機會能再由教授那邊取得推薦閱讀的書籍與經典重要論文來研讀。

　　一封信寄出去，沒有人希望它就如石沉大海、了無後續。但你也要在內心先做好建設，大學教授或研究單位並沒有接受我們請託的義務。如果有，那麼鐵定要好好珍惜這得來不易的緣分。研究之路，來日方長。

6. 小論文等附件

　　在去信拜師取經之前，阿茜師十分建議要附上你已投稿的小論文為附件。一方面讓對方知道我們下了閱讀整理的工夫，以及目前遭遇的瓶頸，也才能帶出為什麼需要學校以外的資源，請求獲得對方的協助。二方面也讓教授或博士從你的小論文中，了解中學生的程度在哪裡，與他們熟悉的大專生、碩博士生存在一定程度的差距，下手指導與要求的力道可別太強。至於研究獎助計畫的相關規定文件（如101、102頁的附圖），可以等教授或博士願意指導之後，再行提供。

書信示範

　　書信是一種溝通的方式，但第一封信更像是招募廣告。應該把所有的訊息交代清楚，對方掌握得訊息越完整，越有可能直接下單認購。如果還需要確認尺寸，或詢問材質，往往消費的衝動就過去了。

　　同學寫信時常見的錯誤，是把書信當成傳訊息的對話框，沒有一次把事情講清楚，只是丟一個開頭，似乎在等對方有回應，你才要接話。但這樣的信寄出去，往往不會收到任何回應。這年頭大家的時間都很寶貴，不太可能隨便回應陌生訊息，很大的機率是浪費彼此的時間跟精力。

　　錯誤示範一：

```
親愛的楊教授您好，

    我是商周高中一年級○○○，想報名參加校內科展，明年二
月比賽，請問教授願意指導我嗎？


祝  身體健康   萬事如意

                                     學生○○○ 敬上
```

　　高中的校內科展，找校內老師指導就好，為什麼要詢問大學教授呢？會不會是你沒有辦法說服校內老師指導你做科展？你是不是連個方向都沒有，只是想要累積參賽證明與獎項？

　　現在從各個大學的官方網站，都不難取得大學教授的聯繫方式。但是沒有提供足夠的資訊，真的很難讓教授願意回信給你，為了避免自己的熱誠被莫名其妙澆熄，要真的願意低下頭來，好好閱讀，深刻思辨，刻意練習自己的科學陳述與表達能力，找學校老師確實討論。確認校內能夠給你

的支援真的都用盡了，才向外求助。

錯誤示範二：

> 親愛的楊教授您好，
>
> 　　我是商周高中一年級○○○，想報名參加校內科展，明年二月比賽。想利用您實驗室的質譜儀來分析普洱茶裡面重金屬鉛的含量是否跟年份有關，但是學校沒有可以分析成分的設備，您主導的實驗室是國內翹楚，請問教授願意讓我借用設備嗎？
>
> 　　祝　身體健康　萬事如意
>
> 　　　　　　　　　　　　　　　　　　　　　學生 ○○○敬上

高中的設備不足，可以更換題目，選一個現階段可以做的分析。質譜儀在大學屬於貴重儀器，不大可能隨便讓高中生使用。

另外，食品檢測重金屬除了質譜儀，也可以用光譜儀，借用相對容易。但是負責質譜儀的教授，沒有義務告訴你可以去找負責光譜儀的教授。這是你身為做研究的研究者，應該要事先做過功課，把所有可能的方法都調查清楚的責任。

錯誤示範三：

> 親愛的楊教授您好，
>
> 　　　　我是商周高中一年級○○○，想報名參加校內科展，明年二

月比賽。研究題目是比較光譜分析與質譜儀分析對普洱茶裡面重金屬鉛的含量的準確度，我們有幸先在PPP教授實驗室使用兩種光譜儀進行分析並獲得初步結果，請參考附件小論文。您主導的實驗室是國內質譜儀翹楚，請問教授願意讓我借用設備嗎？

祝　身體健康　萬事如意

學生〇〇〇 敬上

質譜儀是貴重儀器，使用儀器的時間都要都跟其他教授的申請案排隊，不一定是管理實驗室教授可以任意安插的。

何況，如果已經有兩種光譜儀分析的結果，也可以就兩種光譜儀的結果進行比較即可，可以修飾原本的研究題目，以提高實踐程度。教授很忙，很多人沒有時間點開附件檔案來看，不太清楚信中所謂的「初步結果」是什麼。更何況目前官方食品檢驗單位都配有光譜儀分析跟質譜儀分析，兩類方法的優劣可能有相關文獻已經詳細記載了，可見來信者文獻整理的研究工夫不夠紮實，會讓對方不予回應。

另一方面，信中也沒有說明要花多少時間來學習，難道是要大學教授當你的研究助手，幫你分析完再直接提供你數據嗎？這難免違背科學研究的精神。

正確示範一（小蓉給教授的信）：

親愛的〇教授，您好

我是城邦女中高一的學生小蓉。目前在修地球科學的專題研究課程，預計明年（2019）初要完成一份研究報告。

　　我閱讀了一些與極地噴射氣流相關的科普文章，又額外學習了一些相關的原理。其中北極噴流對北半球各地區的氣候的影響甚鉅，最近也因為全球暖化噴流活動趨於異常。我覺得這件事應該有不少值得探究之處，因此希望以此作為課程研究的主題。我在自行查詢資料後，依然覺得自己對極地噴流的相關原理一知半解。以下附件是我今年三月底時寫的小論文，是我目前對極地噴流的理解。

　　按照城邦女中的規定，專題研究的課程當中可以邀請教授擔任指導老師。楊善茜老師告訴我您的專長與我的研究主題十分相關，請問教授能否推薦一些進一步的閱讀素材或是提供我練習做研究的機會？誠摯邀請您擔任我的專題研究指導教授。感謝教授抽空閱信。

　　祝

　　教安

　　📄 顛沛「流」離—噴射氣流與北半球冬季氣候…

城邦女中 小蓉敬上

教授回信

小蓉同學好，

　　很高興你對極區噴流與極區氣候有興趣。

　　你的報告作得很好，　之後的研究可以以你的報告內容再做延伸。詳細的題目與細節，我們可以星期一(4/18)或星期三(4/20)找機會見面再細談。

　　為了之後你做報告的方便，以下NOAA的人機互動網頁裡

（如附件），可以選擇各種大氣海洋變量（如溫度，風與降雨等等），繪製成圖。你可以試著先上去玩玩看。之後會有需要用到 NOAA 的氣候再分析資料。詳細資料的資訊可以問我或就近請教楊善茜老師。

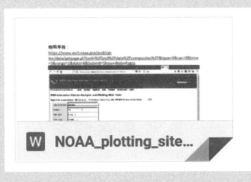

O 老師

正確示範二（小瑛、小芳給教授的信）：

X 教授 道鑒，

　　教授您好，我們是商周女中高一的學生，小瑛和小芳。

　　學校有安排學生必修一門的專題研究課程，我們是地球科學組。目前此課程於每週三下午進行，學校計畫讓我們進行研究大約一年半，並發表研究結果。

　　近期在 XX 大學○○所的網站上對您們的研究論文「浮游植物之個體大小頻譜在臺灣東部黑潮受環境中可用資源之影響」十分有興趣。我們從中學到：海洋中可用資源會隨季節變化而變化，並影響浮游生物個體大小，藉此想延伸探討海洋環境的變動（如：全球暖化）與漁獲量的關聯。

　　另一方面，我們參考藍國瑋、龔國慶兩位教授的研究《全球

變遷對海洋漁業資源的衝擊》，其中指出魚類族群豐度的變化主
要取決於其繁殖和生長的速度，而繁殖和生長的速度又直接或間
接受海洋環境改變影響。

因此我們目前的初步構想是，想要探討全球暖化下海洋環境
的變動與漁獲量的關聯。

知道 X 教授的專長領域有漁業海洋學、浮游動物生物學等，
故想請教授針對我們的研究方向給予批評與指教。若教授能指導
我們，我們將備感榮幸。這封信同時也寄給我們的指導老師，楊
善茜老師。期待您的回信。

敬請 道安

學生小瑛、小芳敬上

教授回信：

Hi 小瑛，小芳

很高興聽到你們對海洋議題的關心及興趣

你們所提的課題很有趣，也很複雜（不易一言兩語說清楚）

歡迎你們找時間來討論 （如果白天上課不方便，約晚上或
週末也 OK），也歡迎楊老師一起來

我很樂意指導相關議題

Best wishes.

X 教授

正確示範3（小麗與小璿給教授的信）：

Y 教授您好，

　　我是小麗，現在是城邦高中的高一學生。我與同學小璿皆為地球科學專題研究組，在過去一個學期的課程中，我們摸索到地球科學中的生地化領域，且對其有極大的興趣，因此希望可以研究生地化領域內的相關議題。在學校楊善茜老師的指引下我們閱覽到了 XX 大學 OO 研究所的網站，並在研究焦點中對您關於陸域泥火山元素循環與微生物群聚的文章深感興趣。

　　我們拜讀教授與您的研究團隊所寫的論文，陸域鐵質的缺硫酸鹽泥火山中微生物群落的組成和功能，一篇文章中集結了化學反應、地質環境與基因序列分析，豐美程度超乎我們的想像。然而我們的能力有限，尚對論文中的內容有些許疑問。

　　首先我們粗淺理解厭氧甲烷氧化、16S rRNA 的基因序列、宏組基因學與操作分類單元等等的基本概念。然而在閱讀過程中，我們對於為什麼基因數量與 OTU 數量在冒泡池中會呈現相反趨勢不甚明瞭？我們推測應是因為冒泡池中有氧氣，而多數的生物都是好氧的，因此在冒泡池中的 OTU 數量仍是以越近表面和越多氧氣時會越多。而參與 AOM 的古細菌多數為厭氧菌，故在表層有氧氣處基因數較少。關於這個問題不知我們的推測是否正確，煩請教授指點。

　　再者，我們不確定氯化物在生地化環境分析中所扮演的角色。是因為先發現環境中氯離子含量幾乎恆定，所以引用來納入調配基礎鹽溶液嗎？起初怎麼會想到要去測量不同深度樣本中的氯含量呢？還請教授指點迷津。

　　最後，在文章中未讀到有關於 TOC 和 C2H6/C3H8 的文字敘

述，想請問教授，它們在整個研究中所扮演的角色是什麼呢？

我們閱讀教授的論文後，對於厭氧甲烷氧化與對氣候變遷的影響產生濃厚的興趣，但不知道大約只有一年時間的我們該如何訂定適量的研究主題。因此十分希望教授能給予我們這方面的建議。學校提供每週三下午的時間讓我們進行專題研究。不知道教授是否能騰出時間指導我們關於訂定主題的問題。或者我們是否有可能前往拜訪教授呢？

感謝教授百忙之中閱讀我們的來信，如果能夠得到您的回信是我們的榮幸。

祝好

城邦女中 學生小麗 小璿 敬上

教授回信：

小麗、小璿 妳們好

很開心知道妳們對我們的研究工作感到興趣。

用文字一一回答妳的問題對我會有點辛苦，既然妳們可以直接來找我，那就再好不過了。

我星期三下午沒有排課，妳們可以先來找我聊一聊，再決定是否要做相關的研究，原則上我可以提供一些協助。

祝 學安！

Y教授

當我們要寫一封信邀請別人，在對方沒有預期的情況下，願意額外撥出時間和精力，陪伴我們一起嘗試錯誤與苦思燒腦。想來真的不是一件容易的事情。

既然你已經打定主意要在高中階段走一條不同於別人的專題研究路，誠心建議各位就把寫這些書信當成是向別人報告過去這一段時間你的努力與成果，然後誠摯的表達你還有想要精益求精的企圖心，所以你需要他人的協助。

就算最後一封封寄出去的郵件都石沉大海，過程中的這些書寫都會是很不錯的學習歷程檔案的整理，更重要的是爬梳自己這段日子以來的所獲與成長。不要把別人的幫助視為理所當然。真心熱愛研究，到了大學與研究所階段，絕對還有更多機會！

 小試身手

小試身手：試擬一封徵求家教的信。
先整理最近讀書心得，再點出學習迷惘處並請求協助。

心得筆記

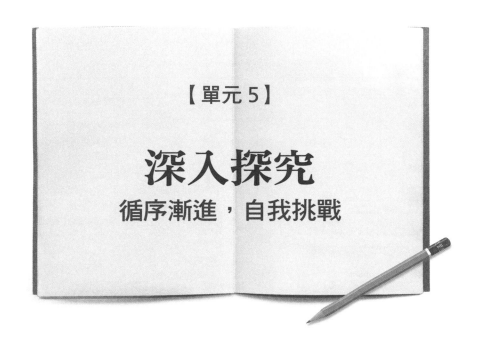

【單元 5】

深入探究
循序漸進，自我挑戰

一份科學研究應有的輪廓

　　你，有追求卓越的野心嗎？有持續探究的好奇嗎？每一次的題目再聚焦；或者一種研究方法分析完畢之後再找另一種方法比較一下；或是看看最新的文獻對於相關議題有什麼不同於我們之前分析結果的見解，我們來進行更多的交叉比對；除了臺灣以外，國外的研究學者的觀點看法又是如何，上述每一個新的關卡，都是一個新的挑戰，能夠讓我們再度設定新一個階段的目標，一次又一次的自我能耐，就逐漸在這樣的過程中，茁壯強盛起來了。

　　一份科學研究應有的輪廓就是論文架構，不論在哪個學習階段都是大同小異。這也是為什麼我們從閱讀為起點的時候，一再強調需要去辨識出文章的研究動機、研究目的、文獻探討、研究方法、研究結果等段落架構。這個架構是我們構屋築城的協助與參考，也是我們評估鑑賞一件作品

的清單。

　　不同教育階段的差異，大抵是指導者協助的力道大小之別、或出手救援頻率繁寡的不同。學生年齡小或經驗少的時候，指導者手把手的情況比較多；學生年齡越長或是做研究的經驗越多，指導者只需要耳提面命、偶爾提點、拉高願景即可。若要問在這些過程中學生到底體驗到什麼程度的探索與深究，可以從題目聚焦鑽精的程度，以及參考文獻經過師生之間無數次的討論增篩之別而有些體會。

不同階段的科學研究目標

1. 國小科展、科學營

　　在國小科學展覽會交流現場，經常會聽到「把一個故事交代清楚」這樣的說法。乍聽起來有些抽象，因為「故事」指的不是交代人、事、時、地與物的小說情節，而是指你在研究報告的陳述方式。

　　要說明一個概念，需要將研究主題或相關名詞定義與分類清楚，界定共同討論和對話的範疇。接著需要描述研究對象，包括外觀、特徵，在哪些情境與場合會出現，它有哪些可預期的後續反應與動作、怎麼去偵測。然後舉出例子輔助說明，增加說服力。這是在科學上所謂的「交代清楚」。

　　舉例來說，政府如果要推動「雙語國家政策」，就必須將「雙語」定義清楚。一般我們理所當然認為雙語指的就是國語和英語，但也有人聲稱客語加上國語也是雙語教育。也有人擔心英語會取代國語，甚至有的人內心不免帶有少數原住民語言仍待復興的憂慮，覺得何必倡導英語。

　　如果沒有把名詞定義與分類清楚，在討論過程很容易迷失共同對話的焦點。不同情境下，兩個語言孰主孰副，並無標準答案。套用在科學教育

定義不清楚，討論會牛頭不對馬嘴，無法溝通。

現場也一樣，我們必須把探討議題的邊界與情況界定清楚。

國小的科展主題，多鼓勵同學們從生活經驗或課本知識出發。科學營隊則希望學員從活動主題去發想。假如你參加太空科學營隊，可能就會找太空議題來研究。你的推論可能就是符合研究對象——人造衛星所遵循的科學邏輯或運作機制，涉及太空失重環境與圓周運動軌道方程，在此前提之下可以蒐集相關數據或進行測量，將之作為佐證。

只要確實從證據做出合乎邏輯的推論，並延伸到在其他類似例子上也能應用與觀察，這大抵就是一份相當完整的作品了。

2. 國高中小論文

110年以前的舊版中學生小論文格式，主要包含「前言」、「正文」、「結論」、「引註資料」。到了110年新版的中學生小論文格式，則改為「前言」、「文獻探討」、「研究分析與結果」、「研究結論與建議」、「參考文獻」。

文獻探討

比較兩者，我們可以發現新版小論文更重視「文獻探討」，不能夠只是知識上的現學現賣，科學研究的開展要奠基在一定的閱讀量之上。

比如說，如果要探討動物長距離遷徙，你就得知道「滑翔」跟「振翅」在基本上的動力差別，以及滑翔的最大航距較短，可負載重量較小，於是就不會天馬行空或者天外飛來一筆地想要去研究「滑翔型候鳥」。有些研究題目不存在，不是因為沒有人想到要研究，而是因為前人已經評估認為它研究的風險很高。這類冤枉路，希望你也不要多走。時間寶貴，別浪費在不必要的標新立異之上，這些都可以靠事先的文獻探討去避開。

數據分析

再者，國高中小論文的研究結論，不單單只依靠邏輯推演，最好能建立在數據的分析與研判之上。有時候數學推理上可行，但事實擺在眼前，大自然就是沒有發生。在中學生階段，評審不會強求數據都要由你自己產生出來。你可以使用資料庫的數據，但是必須交代分析數據的方法。

在單元1我們談到，「加強版小論文」是從已訂出的研究題目，先進行初步的測量或數據收集，放入研究過程或方法，以及研究結果的項度。這其實就是在滿足科展等級作品，現在則是能夠達到新版小論文當中「研究分析與結果」這個項目的要求。

如果你有辦法做科展說明書或加強版的小論文，在文章甫開頭的文獻探討中清楚闡明研究動機與研究目的，當然能夠提高獲獎機會。

研究結論與建議

眼尖的你或許會問：研究結論與建議當中的「建議」要怎麼下筆？

如果文獻探討的工作做得紮實，你會發現在前人的基礎上，待解決的問題可能有A+B。其中，你所做的研究能夠解決A問題。因此，在做完研究、交代完有關A的結論以後，你就可以「建議」未來的研究者，不妨在

你的基礎上，往 B 的方向繼續邁進。這就是所謂「承先啟後、繼往開來」的科學建議。

至於引註資料到參考文獻，大概就是一個換湯不換藥、重新包裝的概念。過去的引註資料包含了前人文獻與數據資料來源，如資料庫的提供機構；新版顯然更加著重學生在文獻上的閱讀量。

從小論文到科展作品

以下舉三組從「小論文」到「科展作品」的例子，讓你感受一下所謂步步推進、深入探究的意思。你可以特別注意「題目訂定」與「引註資料」的轉變。

範例 1

2014年3月	題目：系外適居區之初探
引用以中文以及網路資料為主	1. 胡中為、徐偉彪(2008)。行星科學。北京：科學出版社。 2. 網路天文館。2014/3/30，取自 http://tamweb.tam.gov.tw/v3/tw/content.asp?mtype=c2&idx=1201 3. NASA: Kepler。2014/3/30，取自 http://kepler.nasa.gov/Mission/discoveries/ 4. The Outer Planets。2014/3/30，取自 http://lasp.colorado.edu/ /outerplanets/exoplanets.php 5. 季江徽(2010)。超級地球尋跡之旅。科學人，第 105 期，66-71。
2015年3月	**題目：系外恆星 Kepler-22 光變曲線和初步分析**
引用以英文論文為主	一、Barnes. (2007). Ages for illustrative field stars using gyrochronology: Viability, limitations and errors. Astrophysical Journal, 669,1167-1189.

	二、Wu, Ip, and Huang. (2015). A study of variability in the frequency distributions of the superflares of G-type stars observed by the Kepler Mission. Astrophysical Journal,798,92. 三、維基百科。2015/02/13，http://en.wikipedia.org/wiki/Least-squares_spectral_analysis
2016年1月	**題目：恆星風對行星環境的影響**
引用包括太空任務之天文資料庫	(1) Barnes. (2007) Ages for illustrative field stars using gyrochronology: viability, limitations and errors. Astrophysical Journal. 669: 1167-1189. (2) Schnepf, Lovelance, Romanova, and Airapetian.(2015) Stellar wind erosion of protoplanetary discs. MNRAS. 448:1628-1633. (3) Wikipedia. https://en.wikipedia.org/wiki/Least-squares_spectral_analysis (4) Mikulski Archive for Space Telescopes. http://archive.stsci.edu/
外部評語	作者結合自行撰寫的軟體及現成軟體分析克卜勒太空望遠鏡的掩星資料，進而推算各系外行星之母恆星太陽風的影響，研究精神可佳，若能再分析更多的目標，其統計結果將有不錯的研究價值。

　　這份研究在2014年投稿小論文時，引註資料以中文以及網路資料為主。題目也只是某個主題的初步探索，尚不夠精準細膩。

　　一年以後，引註文章進階到英文原文之專業期刊論文，研究對象也更聚焦在某一個太陽系以外恆星觀測資料的分析與探究。

　　再經過10個月，研究方法進階到自行撰寫軟體，也結合現有軟體，一併進行線上天文資料庫的數據分析。

　　由於研究對象還是鎖定同一顆恆星，所以參加比賽後，評審在評語中鼓勵這位同學，未來可以分析更多目標天體。

這份研究作品得到高中組國際科展三等獎，在程度上，它當然還不是碩士學位等級的作品。但已經接近一份大學的學期期末報告，或者是暑期大專生研究計畫。

範例2

2014年11月	題目：CenX-3 X 射線雙星基本物理量之計算
引用期刊短篇文章之外，還有科普書籍，並使用天文資料庫	一、書面資料： 1. 當天文遇上其他科學 p.40-54 用 X 射線看星星 2. 穿越星空百億年 p.159-176 波霎 3. Exploring the X-ray Universe 二、期刊資料： 1. 科學人雜誌 NO.142 雙日世界、三體問題 三、網路資料： 1. Chandra Education Data Analysis Software And Activities（取自 Cen X-3 & Clocks in the Sky）
2015年7月	題目：以X光與宿主星系探討遙遠中質量黑洞候選者之性質
閱讀素材脫胎換骨，皆是英文論文	1. Yuan Yuan Intermediate Mass Black Holes near Galactic Center: Formation and Evolution 2. Xue. Y.Q.(2010). Color-Magnitude Relations of Active and Non-active Galaxies in the Chandra Deep Fields: High-Redshift Constraints and Stellar-Mass Selection Effects. 3. AE Hornschemeier et al(2004). Lower Mass Black Holes in the Great Observatories Origins Deep Survey- Off-nuclear X-Ray Sources 4. Bell Eric. F.(2004). Nearly 5000 Distant Early-Type Galaxies in COMBO-17: A Red Sequence and its Evolution since z~1 5. Lehmer B.D.(2012). The 4 Ms Chandra Deep Field South Number Counts Apportioned By Source Class: Pervasive Active Galactic Nuclei and The Ascent of Normal Galaxies
外部評語	以X光強度、硬度及遠離星系核心時從選取中質量黑洞候選者，具學術價值，數據處理與課題背景之事俱佳。 建議深入探討分辨其他高能天體之方法，以獲得具體成果。

　　從這篇範例在2014年小論文的引註資料可見，作者不只閱讀了中文書籍與英文文章，也採用線上資料庫的數據進行初步分析來強化自己的論述。

　　一開始作者先以某特定天體當作分析對象來練習，之後才擴充分析了數十個天體。事實上在她投稿小論文之前，就已經往科展方向在努力了，於是投出了一個加強版的小論文。也在8個月之後參加全國科展，獲得高中組特優第一名。

　　科展作品說明書所羅列的，全部都是英文原文的參考文獻。評審給予其作品具有學術價值的肯定，但也是因為研究成果的適用性較為侷限在某一類天體，仍未有具體應用成果，還不能稱之為碩士論文等級的表現。

範例3

2018年3月	題目： 顛沛「流」離—噴射氣流與北半球冬季氣候相關性之探討
引用中文雜誌與網路內容為主，也參考其他中學生的小論文	（一）Jeff masters (2015)。北極暖化 全球震盪。美國科學人雜誌。155。 （二）Charles H. Greene (2013)。暖化讓冬天更冷。美國科學人雜誌。133。 （三）極地渦旋/ 北美急凍 誰闖的禍 http://phyteacher.blogspot.tw/2014/03/ （四）Met office: weather and climate change https://www.metoffice.gov.uk/climate/uk/summaries/winter （五）Weather and climate-Monthly Averages: New York, United States of America https://weather-and-climate.com/average-monthly-Rainfall-Temperature-Sunshine （六）Weather in Vancouver, Canada – Time and Date https://www.timeanddate.com/weather/canada/vancouver/historic

	（七）Weather in Moscow, Russia – Time and Date https://www.timeanddate.com/weather/russia/moscow/historic
	（八）James E. Overland (2011) Warm arctic - cold continents climate impacts of the newly open arctic sea
	（九）Jennifer A. Francis, Stephen J Vavrus (2012) Evidence linking arctic amplification to extreme weather in mid-latitudes
	（十）林子傑（2015）。迷你冰河期來臨？一解讀北極震盪。國立臺中一中。
2020年1月	**題目：臺灣極端寒流個案與東亞地區冬季氣候之關聯**
新加入一位研究夥伴，引用以中英文論文為主，還有自己的科展作品	一、吳珍瑩及洪志誠(2007)。臺灣寒潮長期統計分析(碩士論文)。取自https://ndltd.ncl.edu.tw/cgibin/gs32/gsweb.cgi?o=dnclcdr&s=id=%22096TMTC5147030%22.&searchmode=basic
	二、周柏憲（民105年1月25日）。臺灣低溫致死85人 BBC 高度關注。自由時報。取自https://news.ltn.com.tw/news/world/breakingnews/1584531
	三、Microsoft Word - 北極振盪。中央氣象局。取自 https://www.cwb.gov.tw/V7/hottopic/ao.pdf
	四、洪志誠、張智鈞（2017）。臺灣冬季寒潮長期變遷:過去及模式未來推估。取自https://tccip.ncdr.nat.gov.tw/v2/upload/activity_agenda/20170405160033.pdf
	五、Shengping He, Yongqi Gao, Fei Li, Huijun Wang, Yanchun He (2017)。Impact of Arctic Oscillation on the East Asian climate: A review。Earth-Science Reviews。164(2017)。48-62
	六、Shaobo Qiao, Po Hu , Taichen Feng, Jianbo Cheng, Zixuan Han, Zhiqiang Gong, Rong Zhi, Guolin Feng (2017)。Enhancement of the relationship between the winter Arctic oscillation and the following summer circulation anomalies over central East Asia since the early 1990s。取自https://link.springer.com/article/10.1007/s00382-017-3818-3

	七、James R. Holton& Gregory J. Hakim(2012). An Introduction to Dynamic Meteorology. Cambridge, MA :Academic Pr. Retrieved from http://www.sanmin.com.tw/product/index/99t155l7o103h63q102r65q106x125vematvh846nar 八、簡靖蓉及蔡承庭（2018）臺灣極端寒流個案與東亞地區冬季氣候之關聯。取自 臺北市第52屆中小學科學展覽會地球與行星科學科作品
外部評語	針對極端寒流事件，利用網格資料進行幾十年際之分析，對寒流事件十年際以上的變化有進一步之了解，同時也找到一些影響因子可以用來預估季節以上到年際之寒流事件可能出現之機會，頗有亮點、但對短期氣候、長期氣候以及短期天氣變化要素之討論宜清楚劃分，概念也要能簡化說明才能具有說服力。

　　這篇範例在2018年投稿小論文時，是一份交代文獻探討的作品，引註文章以中文雜誌與網路內容為主，也參考其他中學生的小論文作品，但沒有包含任何數據分析。

　　投稿小論文之後，作者持續往科展研究的方向努力，22個月之後，她跟另一位研究夥伴閱讀了更多中英文的專業論文，分析網路資料庫中十年的數據，提供具體的研究應用，獲得國際科展二等獎的殊榮。

　　評審鼓勵這兩位同學，持續將不同學門領域的觀點釐清，以深入淺出的方式論述，增加論述的紮實程度。

　　高中生在學養薰陶上，雖然足足少了碩士班學生大學四年的專業學習，但是只要有心願意投入，也能夠產出水準之上的研究成果。

高中以後的研究階段

大學階段的報告、研究計畫

越到高等教育階段，越重視文獻探討的飽讀與爬梳。如果是在大學修一門課程，需要繳交期末報告，老師會期待你充分使用所學到的研究方法，以及該課程涉及的研究主題。

不少大學生也會申請暑期研究計畫，進入某位教授主持的實驗室學習。這有點像成人版的國小科展或營隊。研究也有一定的主題領域，使用的研究與分析方法也多半是該實驗室所專精的。閱讀必要的專業論文入門磚，也有參考書目可供依循。

前文已經提到，高中生如果及早立定鑽研的方向，也有可能達到大學報告與暑期研究計畫的水準。科學價值、實際應用、處理的樣本數量，並不是這個階段的要求。

碩士階段的研究

碩士論文由於涉及專業學位的授予，處理的數據分量會有更嚴格的要求，研究也必須有學術上的獨特性。

在教授指導下完成的論文，必須顯示出所屬實驗室擅長之研究方法，在解決碩士論文題目上有何獨到之處。文獻探討和論文結論，也必須明確定位這份論文在學術界的研究價值。

博士階段

　　博士班是所有學術階段中，最後一個還能自稱學生的時期。取得博士學位時，就是真正可以獨立做研究的開始。

　　有些博士班指導教授會要求學生要能夠提出一個學說，或者建立一個新的學術模型或理論。

　　此時的研究要求，不再只是驗證前人說法，或者駁倒推翻前人的研究成果，或舉出一些特例而已。能破之外還要能立，也就是要能「自成一家」。博士論文研究，需要蒐集更多可以支持自己學術說法的數據，以後也能跟其他的科學家平起平坐，有一套自己的知識體系與所提出的學說。

教授、研究員

　　教授跟研究員是一種專門職業，自行處理數據，有文獻探討，有專門的研究方法，有模型與學說的建立，有具體科學貢獻。他們更常自問：我的研究有沒有具體的科學與社稷貢獻？能不能創立一個持續產出研究成果、教育新一代研究生的實驗室？

　　能不能透過更多的研究與發表分享，持續強化與發展所創立的學說與學派，更貼近自然界的真理？教授與研究人員發表每一篇學術作品時，往往會如此自我檢視。

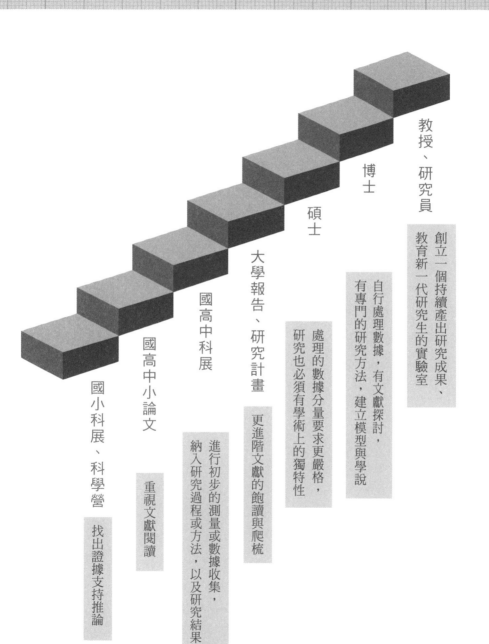

教授、研究員

創立一個持續產出研究成果、
教育新一代研究生的實驗室

博士

自行處理數據，有文獻探討，
有專門的研究方法，建立模型與學說

碩士

處理的數據分量要求更嚴格，
研究也必須有學術上的獨特性

大學報告、研究計畫

更進階文獻的飽讀與爬梳

國高中科展

進行初步的測量或數據收集，
納入研究過程或方法，以及研究結果

國高中小論文

重視文獻閱讀

國小科展、科學營

找出證據支持推論

如何讓研究更深入？

1.閱讀、與有經驗研究者對話，讓題目更聚焦

沒有科學研究經驗的人，一開始尚未建立良好的科學品味，雖然想法可以天馬行空、發散創意，但是不見得能夠聚斂產出。閱讀一本好書、一篇經典文章、獲得專業人士面授機宜，都有節省時間、醍醐灌頂的效果。

初期可以藉由與有經驗的指導者持續對話，去蕪存菁、協助聚焦。這也是單元4提到的，可以嘗試申請科學獎助計畫，尋找近身請益大學教授與專業人士的機會。

曾有人做過統計，諾貝爾得獎機率最高的是師生關係。名師出高徒，高徒再帶後進。大師的學思歷程值得學習，從旁學習將有如沐春風之感。

如果身邊沒有提早接觸高等教育專業人士的緣分，也可以瀏覽大學科系的網站。有些專家會獲得學術獎項，也持續有世界級期刊文獻發表，你可以跟學校老師商討寫一封電子郵件去信的必要與可行性。

你也可以善用文章字裡行間的夾註。如果你發覺你讀了三五篇文章，都屬於某一個觀點或研究方法、引用同一篇文章，很可能那一篇文章就是該領域的經典，你應該也找來看一看，或是試圖聯繫文章作者。

2.閱讀英文資料、專業期刊，看問題更深入

前沿的科學研究成果，目前大多數還是以英文為主要發表語文，最新研究成果往往不會即時翻譯成中文。

有研究顯示，要駕馭一個新的語文的學科專業表達，需要七年的高效率學習。如果你希望及早在科學領域有所累積，英文論文的閱讀沒有必要等到大學放榜以後才開始。閱讀外文資源能夠讓你的視野更高更廣。

　　此外，有些專業的期刊文章，在大學系所的圖書館會採購。如果你有親友、老師或認識的學長姊有管道，也可取得文章閱讀，或請專業人士開閱讀書單，加深對研究議題的瞭解。

3.實際操作、熟悉相關儀器與方法

　　許多手法跟技藝，需要花時間去練習和掌握。高中新課綱多了一個項目「自主學習」，在高中要進行科學探究的學生，我們往往就會建議他們將過程中要學會的技能，整合成為他的自主學習項目。

　　舉例來說，高一的自主學習項目，可能是生物與化學實驗室基礎操作能力。如果你操作滴管的手都會顫抖，要怎麼精確加入固定的藥劑，進行後續生化反應呢？這都需要時間去調整熟悉。

　　有些研究必須使用貴重儀器，或者涉及的樣本極其珍貴。後者一般不會出現在中學生的科學研究中，前者的使用大多也需要大學教授引薦。如果要將這類作品投稿參加科學展覽競賽。難免會被質疑：這個研究真的是你做的嗎？

　　如果礙於科目限制，比如說地球科學的領域若是要測定絕對年代，就只能使用精密儀器來測量放射性元素的含量。沒有時間的資訊，你如何探討這個地質事件是在多久以前發生的？常見的情況是一開始就不會往這個方向去發展題目，如果真的走到了這一步，應該要在說明書中針對儀器的設計原理與使用限制詳實說明，讓聽眾與評審知道你是真的懂得你的研究流程，是一個主動選擇之下的作為。

　　若是競賽舉辦目的在於期待學生有動手做測量的精神，而你為求研究數據的精準，向大學實驗室借用貴重儀器而得到研究此結果，卻因為不是自己徒手完成以致無法獲得大獎，也不損失你內心追求原本題目背後答案的企圖心。這才是志在參加不在得名該有的心境。

　　藉由研究學會了某個絕妙的技法，或者理解了某個昂貴儀器的運作與

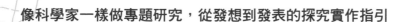

樣本前置準備工作的所有細節，仍然是你可以在自主學習報告書當中大書特書的。真正學會的，騙不了人。所展現的決心、毅力以及時間管理的能力，都會被看見。

大數據的分析

就磨練心智來說，使用困難的方法或者獨特的儀器是簡單的，因為只要花時間、願意學，大概都能夠達到。最為困難的是使用中小學課堂所學的簡單測量技巧，但藉由審密的手法、仔細的數據分析，發現過去沒有察覺的新現象。

科學史上，像這樣的例子其實不少。行星橢圓軌道的提出，海王星的發現史，都是建立在不斷挑戰前人認知的做法之上。例如地球科學有許多複雜變因，會共同影響同一個現象，通常前人的研究能告訴你最主要的因素，它造成的影響也是最明顯的。但也因為不是唯一影響的因素，所以不是百分之百準確，卻大致上管用。

你要如何找出第二大的因素呢？甚至是找齊所有的原因呢？大膽假設，小心求證，大概是你能夠做的。這類型的研究極其困難，有可能窮極一生都還找不完。測量數據越多，就代表研究越棒嗎？在這個例子裡面，找不到例外，就還是尚未成功的狀態。

大數據的分析，是用在整個主題對人類來說還很新鮮的領域。因為大數據就是擅長使用統計方法，找出主要變因為何？或者是在同一大數據庫當中，挖掘出新的詮釋方式。它們是過去用直接推論所沒有設想到的，但是數據實際卻展現出某種規律出來的情形。這種研究難度挑戰的不是人腦，你得要先學會特定的程式語言，讓機器幫你做數據處理。

回到本書舉例同學做系外恆星的研究，跟關於黑洞的研究，短短高中階段數十個月，她們已經很努力將幾個研究對象理解清楚了，但是怎麼知道這是三人成虎的故事，還是一葉知秋的情節呢？評審期許她們分析更多

的例子，也是本該繼續做下去的事情。

人的時間有限，但求盡心。科學作品也不單單只是把研究的樣本數拿來稱重而已。真正參與其中的人就會知道，一個難以上手的研究方法，完整處理完一兩個個案；跟一個程式批次處理上萬筆的個案，可能有相同的研究工作份量。

之前我們談過，有些研究專門就是將一個超級獨特的情況分析透徹，不過特例可遇不可求。累積足夠的特例，也有推翻既有典範的機會，並使典範發生轉移或修飾。但這需要時間，即便是愛因斯坦，也需要等待上百年過去，人們觀測到黑洞現象之後，才能再追封他的偉大。

在科學史上還有一種有趣的情況，是沒有把拼圖拼完也知道少了哪一塊。例如門德烈夫與化學週期表的故事。門德烈夫不是等到所有的元素都被人類發現，以後才去整理表格，而是一邊整理一邊找規則。他將十九世紀中葉當時已知的化學元素整理，把化學性質相類似的排列在同一欄位中，然後欄位的上到下則依照元素的質量排列安置。在過程中就發現某一個表格角落，按性質或按質量應該要有某些個元素分布才是，然而在當時卻尚未被人類發覺。憑藉著表格欄位整理出來化學元素性質涇渭分明的信心，以及所呈現出來的化學元素性質脈絡，後人真的順藤摸到瓜，又發現了新的元素。

在當時每發現一個新的元素，都是一個諾貝爾獎等級的研究貢獻。而門德烈夫這種科學上的預言，超強，因為掌握的大自然運作的機制，還沒有找齊的樣本空缺，反而彰顯了研究的價值，為後人研究指出一條明路。

我們應該關心的課題，不是如何判斷哪一份研究比較深入，而是怎麼強化自己的作品。你可以參考單元3提到的各類研究方法，從僅有推論、到自行收集數據與分析，再到採用需要花時間才學得會的統計與處理方法，最後能夠提出一個通則，就是一條可參照的道路。

或者如同本單元所介紹的，您自行往高一個學術階段的要求去自我砥礪，持續研究再研究，深化再深化。人生很長，如果願意在科學這個領域

耕耘，哪天覺得有點累有些倦了，任何的時間點都是可以暫停下來畫上一個小小句點的。除了不停的研究、不住的探問之外，別忘了，科學的研究價值有不少比例取決同行科學家與社會的認同，別人要怎麼知道你的研究成果？你要如何取得他人的認同？。研究做到某一個段落，都還有發表與分享的事情等著我們去完成的。就像一本書的書寫，除了內容之外，宣傳讓大家知道所載之事的重要性，也是能否廣為人知所不可或缺的一環。

小試身手

你正在進行研究嗎？

試著寫下 3 個你研究時遭遇的瓶頸。

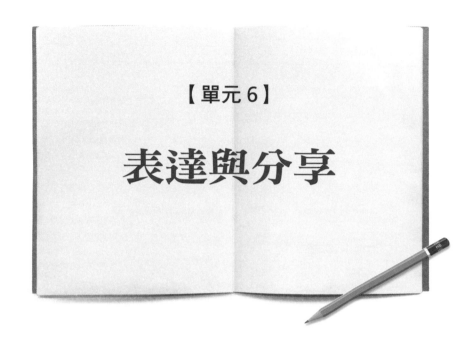

【單元 6】

表達與分享

表達與傳遞科研成果的重要性

　　「認真念書，找好工作」在重視學歷的現今，仍然是相當普遍的社會觀念。嚴格說來，大學不是職業訓練所，大學辦學也不一定有責任要回應關於「訓練出來的學生無法直接為業界所用」的呼聲。

　　面對社會既定印象與大學辦學理念的斷裂，也就不難理解會出現有人接受完高等教育之後坦言，學習僅是讓個人感到有知識上的成長與滿足，即認清了高等教育到最後有不少部分是屬於這樣的情況。

　　如果知識能夠學以致用且造福社稷，當然會受到歡迎。有些科學的進步需要科技的發展，科技的創發又建立在科學的突破上，研究工作有一定程度的務實層面在其中。

　　現今有職業科學家為國家單位與企業研發部門所服務，科學研究的成

果要發表分享，讓更多有志之士可以共享，你我也才有機會貢獻己力，讓人類整體的智慧結晶增長、疊高。

比如說，一位數學家起初只是對某些現象有興趣，想要用數學語言將蘊含在現象中的邏輯表達出來，這主要是為了快樂和成就感。

當他將結果寫成文章發表，被另外一位正愁困於無法使用固定規則來解決該現象所衍生出來的問題的物理科學家看見了。對物理學家來說，數學家眼中的x未知數，可能就是某一個成分；y未知數恰好就是某一種能量，有了數學語言，就更可以用科學去闡明那個現象的規律。

接著，物理學家也把他的發現寫成文章。另一位工程師看見了，嘗試調整手邊的儀器跟設備，可以在電腦模擬環境中再度呈現原本只在大自然中出現的現象，也能夠製造出適合的機械去利用科學家所提的原理與規律，在現象還沒有變得更糟且對人類造成傷害之前，找出緩解與因應措施，甚至可以透過機械運作，讓自然現象能造福人群。

2021年的諾貝爾物理獎頒給使用電腦模擬氣候而證明人類是近期全球暖化主因的工作，這個氣候模擬是奠基於氣象原理的基礎研究，而這個基礎研究，也是受惠於數學家找到一個處理隨機與規律現象的好方法。

人的一生只有短短數十年，如果這個世界可以因為我們的存在與貢獻，變得更好，豈不是充滿意義？每一年的諾貝爾獎都是頒發給對人類社會有重大貢獻的研究工作。

話要說出來，別人才會知道你的觀點；文字要發表，後人才能明白你的所得。每個人都有專長，也有侷限，每個人也都需要別人的幫忙。透過表達分享，讓其他人有機會察覺他們能接枝、能改善、能發揮之處。分享與表達，是整體共好的第一步。

科學表達應該避免的盲點

有一則關於不同語言的聖經故事是這樣說的：

> 　　他們說，「來吧，我們要建造一座城和一座塔，塔頂通天，為了揚我們的名，免得我們被分散到世界各地。」
>
> 　　但是耶和華降臨看到了世人所建造的城和塔。
>
> 　　耶和華說，「看哪，他們都是一樣的人，說著同一種語言，如今他們既然能做起這事，以後他們想要做的事就沒有不成功的了。」
>
> 　　讓我們下去，在那裡打亂他們的語言，讓他們不能知曉別人的意思。
>
> 　　於是耶和華使他們分散到了世界各地，他們也就停止建造那座城。
>
> 　　因為耶和華在那裡打亂了天下人的言語，使眾人分散到了世界各地，所以那座城名叫巴別。
>
> ——創世記 11:4-9

當人們要一起成就一件大事，需要說相同的語言。在這個網際網路暨跨國合作時代，不只是中文或英文以及程式語言要能互相溝通，學科語言也要相近。

數學家在表達過程中，要使用其他數學家跟科學家看得懂的話，又或者說要將自己的研究作品以一般式來表達。

科學家在陳述的時候，要採用其他科學家跟工程人員聽得懂的說法，也可稱為要有普世性，或同時交代適用的邊界條件情況。這可不是自說自話講得開心的，而是對閱覽他者的一種貼心，稱之為邏輯。人是可以理解

邏輯性的，你的推論要符合邏輯，所引用的證據要能夠支持論點，反方觀點要能夠駁倒，正方觀點要能夠樹立。不會只是意識形態的自我表述而已。

當我們在解釋一個專有名詞的時候，要想到當年白居易拿作品給老太太看的用意。如果一個社會的義務教育到中學階段，那麼至少你得自我要求發表的用語，要讓一個受過中學教育的人可以理解。

如果每句話都是一大串專有名詞的堆砌，而沒有後續的輔助解釋。不會顯示你的學識涵養，而是凸顯你一點都不接地氣，可能只是記憶背誦，不知道這些知識跟道理是怎麼被一步一步建構起來的，也可以說你在文獻回顧的工作上不夠扎實，只是轉傳論文的剪貼簿。

當然，專業名詞有其脈絡，在表達過程中具備的精準、精煉的效能，當然也不是說寫一大堆白話、詳述的文字就是友善。還是要回歸到你的發表中，是否替聽眾跟讀者在通往理解你成果的道理上，架設起關鍵且適當，應該要有的說明指路牌。

數大便是美，並不適用於科學發表作品當中的數據量大或者證據種類量大。要讓讀者把重要的精力放在理解重要觀點的產生，而不是增加理解負荷。

一個好的表達者，必須剔除不重要的資訊，保留最精華、充分且必要的證據。能用一張圖說完的事情，不要用八張圖。能用一個表彙整歸納比較異同的資料，就不要用四個。你已經花了很多時間在進行研究工作了，不需要再讓讀者耗費過多的時間體驗你的歷程，這不是苦肉計，也不須用此證明自己付出有多少。趕快把香噴噴的白米飯端上桌才最重要，不要讓大家跟著你在一堆稻殼中搞得灰頭土臉。

好用的表達輔助工具

不同的語言表達，有優點也有缺失，以英文來說要交代一個故事，會

說明其中的人、事、時、地、物，然後按著時間發展順序將情節用首先、之後、再來、最後等訊號詞，將故事講完。英文很適合用聽的，因為它的時間軸序很清楚。

中文在空間介紹有其強項，例如在介紹星球運行就是自轉跟公轉，英文則有兩個以上的單字，在不同領域用法又不盡相同，在跨領域學習時易衍生困擾。

阿拉伯文跟中文則是公認對於數字進位的理解，有很大的優勢。所以當我們要進行科學表達的時候，以英文表達就要多多使用圖片與表格來輔助針對空間與數據之間的理解。

以中文進行說明的時候，則需要刻意將程序過程交代清楚。字裡行間有數值的時候，盡量以阿拉伯數字呈現。

1. 列點

結構性或文字份量大的文體常見列點表示，有提綱挈領、減輕閱讀負擔的作用，也可以利用標題編碼讓讀者理解不同內容之間層次架構方面的從屬關係。

本書也大抵是使用列點方式來書寫內容。不過作者需要交代這一個要點，跟其他要點的關聯性，以免只提供給讀者一堆零碎知識。要說明關聯性的時候，分別列出定義，對於理解沒有幫助，甚至還需要兩張圖示才能完整說明。一段文字能述說的事情，比一句話還要來得多，也是合情合理的。

2. 圖表

表格對於「表達分類」跟「比較異同」這件事來說，有絕佳的輔助功效，也是筆記或是學習講義常見的呈現手法。

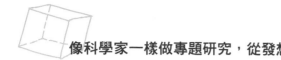

以下是一段國際天文學聯合會的純文字節錄以及表格化的比較，對於理解太陽系中天體成員有哪些，又它們有哪些相同與相異之處，以及劃分標準又是如何，大家可以欣賞並感受一下。

> 決定行星和其它非衛星之天體，在我們的太陽系以下列方式的定義分為三類：
>
> (1) 行星[1]是符合以下條件的天體：軌道環繞著太陽，有足夠的質量足以克服剛體力，達到流體靜力平衡的形狀即接近球體，和能夠清除在軌道附近的小天體。
>
> (2) 矮行星是符合以下條件的天體：軌道環繞著太陽，有足夠的質量足以克服剛體力，達到流體靜力平衡的形狀即接近球體，但未能夠清除在軌道附近的小天體。此外它不是一顆衛星。
>
> (3) 除衛星之外，所有軌道環繞著太陽的其它天體[2]都屬太陽系小天體。

	環繞著太陽	形狀接近球體	能夠清除在軌道附近的小天體
八大行星	○	○	○
矮行星	○	○	✕
小行星	○	✕	✕
彗星	○	✕	✕

對於初次想要認識這些龐雜天體名稱的人來說，大多數人可能會同意有表格較為容易理解與分辨。但是不要忘記如果要明確指出格線所代表的意義，那就是「劃分的標準」。

列點式的純文字，則是有明確將其述諸文字表達出來，我們稱之為「學科語言」。

有的學生太過熟悉講義式的表達方式，只會列表整理，卻不會用一個

1　8顆行星是：水星、金星、地球、火星、木星、土星、天王星和海王星。

2　包括絕大部分的太陽系小天體，也就是小行星、大多數的海王星外天體、彗星和其它的小天體。

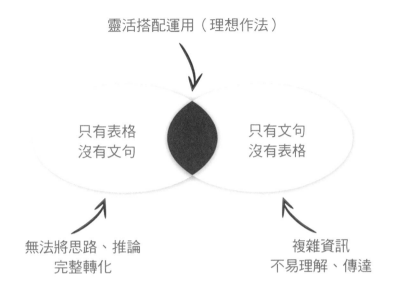

完整句子或段落來進行不同研究對象之間的比較。反而在正式撰寫科展作品說明書的時候，出現只有表格沒有文句的常見弱點。

　　要怎麼自我鍛鍊呢？你可以想像如果今天碰巧在走道上碰見久未蒙面的朋友或師長，在沒有隨身紙筆，也沒有圖卡跟手機螢幕的情況下，你要怎麼樣只用講話的方式告訴他，你正在進行的科學研究？雖然口語跟文字書寫用語有所不同，但是這樣的練習有助於改善總是使用箭頭或線條，來閃躲而避免採取文字去交代關聯性的缺點。

　　平時也多多主動去教同學功課跟解題，以及下課時間講解老師授課內容給身旁的同學聽，都是在強化怎麼樣很流暢的把腦中的推論思路與對知識的理解轉為文字的能力。

3. 圖片

　　若要呈現數據之間的整體趨勢，不論是不同變因之間的相關程度，或是單一現象隨時間變化的情況，不同成分之間含量的比例，或不同試驗的效果比較，都會需要表格之外的圖片呈現。

　　學生常見的錯誤，是選用不適合的圖片類型，要避免這種情況發生，最簡單的作法就是參考教科書對同類的數據是採用哪一種圖？是圓餅圖、長方圖、折線圖、散佈圖、還是等值線圖？

　　再來就是回頭再看一次，為了這個專題研究，過去你所閱讀的文章，相同領域的專家學者慣用的圖片類型選擇，這就是內行看門道的其中一道。

　　如果有指導老師，請一定要跟指導老師討論，選擇最適切的圖片類型。有時候科展競賽作品的表達，是加分還是扣分，也取決於你的選圖效能。

4. 圖示

　　無獨有偶，科展作品書只有圖沒有文字，也是常見的缺失。往往好不容易測量與分析整理出數據，產生一張涵納訊息豐富的示意圖，卻沒有隻字片語來說明概念圖的內容，可說是功虧一簣。別忘記你在寫的是「說明書」，不是出版繪本或是攝影集或畫冊。

　　以下用兩個例子跟大家說明，圖示對於文字介紹空間理解的輔助效果。

　　天上有許多吸引人們目光的天體，流星、流星雨、彗星以及隕石，光是介紹它們各自的名詞定義，沒有辦法顯現出我們目前對它們形成過程與出現空間配置的理解。例如以下所引用的這段文字，得要再搭配圖示才能表現出不同天體距離地表與大氣層的遠近，以及其發源位置與太陽的遠近。

　　若要是再繼續追究下去，圖示雖然交代了大部分的關係，卻沒有交代彗星與流星雨的關聯，這通常又還需要第二段文字說明。所以兩段文字所包含的訊息，這時候又比一張圖還要多。

流星體是在太陽系中的小岩石或金屬體。當流星體、彗星或小行星進入地球大氣層時，高速墜落的流星體與空氣摩擦燃燒稱為流星，間隔數秒或幾分鐘，看起來似乎源自天空中一個固定點的一系列流星現象，稱為流星雨。如果該物體未在大氣層中燃燒殆盡，且能撞擊在地面上，便稱為隕石。有許多流星體可能是彗星留在軌道上的碎屑，因此有著相似的軌道並匯聚而能成為流星雨。

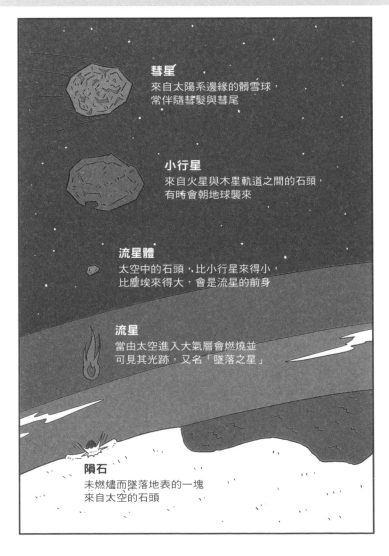

彗星
來自太陽系邊緣的髒雪球，
常伴隨彗髮與彗尾

小行星
來自火星與木星軌道之間的石頭，
有時會朝地球襲來

流星體
太空中的石頭，比小行星來得小，
比塵埃來得大，會是流星的前身

流星
當由太空進入大氣層會燃燒並
可見其光跡，又名「墜落之星」

隕石
未燃燼而墜落地表的一塊
來自太空的石頭

5. 影片

　　對於某個現象或性質有隨時間變化的特徵與趨勢，使用影片拍攝與呈現，是再合理不過了。不過人們可以簡單拍攝、剪接與散布影片，是智慧型手機與應用軟體出現後，才有的事情。

　　科學研究過程中為了理解確切的變因，往往會想盡辦法控制所有的變因，一次只操縱一個變因的改變，因此使用圖片與表格來呈現研究數據，大抵就足夠了。

　　在沒有影片的時代，也可以隨著固定間隔時間，將一系列的變化圖使用類似漫畫的手法，在紙張平面呈現即可。在某些情況下，使用影片反而一不小心同時納入太多資訊在同一個畫面窗格當中，觀眾不見得能專注在重點的接收上。

　　影片最大的優勢是運鏡、視野縮放、時間跳接。有時候在公路旁，地質教授說：你看這裡的交角不整合有更新世的Chimborazo火山兩次噴發紀錄。如果只有這一張遠景照片，你大概可以看到兩大批各自平行的地層。除非有一張近照看到岩石的細節，否則你無法確定這是經過河流或風力搬運過來經磨圓的沉積物，還是火山噴出來仍有稜有角堆積出來的物質。

　　再者，如果沒有把將岩石礦物樣本帶回實驗室分析組成成分的過程拍攝出來，其實是無法知道這些物質堆積所發生的年代。

　　要全然理解地質教授所說的話，至少還需要額外一張照片跟數據分析圖。但這些只要一分鐘的影片就能交代。

　　影片或許是時下中學生最常接觸且流通快速廣泛的訊息類型，但它需要電力跟螢幕。就以本書來說，無法呈現影片。看影片大多是被動接收訊息，適合廣為流傳的類型，若有讀者需要深思的內容，反而會需要不斷回放或按暫停鍵，還不如使用紙本或圖片的停格，把閱覽的速度和視角主導權留給讀者。

其實沒有適當準備好的劇本題材跟分鏡圖，製作過程重複拍攝所花費的時間跟後續傳達上重點的稀釋程度，不一定有很好的知識傳播效率。在網路時代，一樣的內容份量，使用文件檔的檔案大小，會遠小於影片檔。

書面表達的常見錯誤

文本不論是紙本或是文書檔案，都是常見的靜態分享形式。閱讀是讓讀者擁有最大的自主權，反過來說就是對作者的資訊提供是否完整最大的挑戰。

你必須讓文字跟圖表代表你的工作呈現，你無法像孫悟空變出千千萬萬個分身，飛到讀者身旁碎碎念，輔助說明這段話的用意，或那張圖的巧思。你得要用圖文交代所有的事情，然後讓讀者自行去吸收，而不致誤解。

書面表達是所有表達分享方式中最基礎也不花成本的，也是目前網路上與紙本載體當中，最多歷屆參賽作品可供參考的形式，你有許多可以觀摩學習的對象。通常你讀得最透徹、最順暢的那幾篇文章，往往就是作者條理分明，也是圖文整合表達流暢的，可以做為主要的學習參考對象。

寫完書面初稿之後，記得一定要檢查格式是否符合？是否有錯別字？然後給指導老師審視，請老師提供修改與增刪的意見。

初學者常犯的錯誤，就是把作品說明書當作實驗記錄本來寫。觀點的交代與論述都按照自己接觸的先後順序來寫，有時候連實驗設計與結果的呈現，也都是先寫第一個做出來的，沒有重新調整順序。

比較好的作法，是要考慮到讀者理解跟整個知識建構的層次，知識性的事實與理解要先陳述，分析與應用層面接在後面，最終才是創造與評鑑。

操作過程的書寫上，數學方程式與科學原理介紹在先，資料庫資訊統計歸納，以及儀器設計與使用或產物製成品在後。即使是文獻回顧的章節

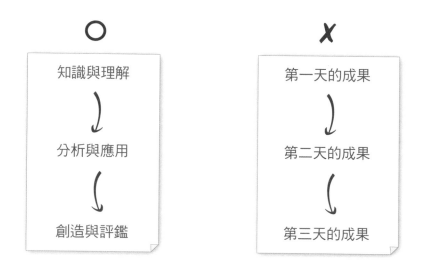

段落，也是按照這個邏輯，而不一定是依照歷史上該觀念提出的先後順序。

第二個常犯錯誤，就是捨不得割愛，每一個試驗數據都想放進文章。

對研究者自己而言，每一個實驗設計都有自己的用心跟巧思在其中，每一個結果都會有收穫跟體悟。

但是對讀者而言，精力時間不是無窮，因此在整個科學研究作品的對外呈現上，你要挑重點來寫，明確呈現核心價值主軸。免得大家沒被你的付出所感動，卻誤認你搞不清楚輕重緩急、良莠不齊的結果混為一談。

除了書面文字之外，如果視作者是否親臨現場來劃分的話，影片也可歸類在靜態篇，因為無法與受眾有臨場的互動。

2021年因為covid-19疫情關係，有些競賽新增以投稿影片的方式來表達科學，在設計劇本與呈現編程的安排上，與書寫的表達模式比較接近。

與受眾現場互動的表達與分享方式

在常見的科展與研討會場合中，初學研究者必須站在版面為A0或A1

的海報紙看板前面，進行幾分鐘的口頭報告。

由於群眾一般是站在距離看版一公尺的距離觀看，字體大小會在30號字左右或以上，一張圖示或圖片或表格的大小，就約莫是一張A4紙版面或以上，因此海報的用字要更精煉。

大會雖然有安排評審聽取口頭解說，或茶敘海報展板交流時間，但在為期數天的活動期間，更多時候研究者本人並不會現身海報展板前面，因此還是要預想成類似非親臨現場的方式來安排看板內容，提供足夠的說明資訊供觀者理解。

大家有沒有在路口向陌生外國人問路或指路的經驗呢？有時候不只中文跟英文的口說，我們還會自然而然加上肢體語言、臉部表情、眼神跟音調。這些多種模態的輔助表達是動態篇與靜態篇最大的不同，也是研究者可以展現對理性作品情感的時機。

這個題目起初是怎麼引起好奇心的、研究過程有多麼的虐心折騰、研究成果有多振奮人心的驚艷，都可以透過作者本人現身說法，在介紹作品的時候表露出來。

對於僅擅長文字表達的內向害羞之人，這類型的表達場合非常有挑戰性，有時候這種面對面、時間受限的情況，其困難程度甚至比研究本身更難以突破跟克服。現場的聽眾反應也會反饋影響作者的陳述，如一個皺眉就可能會擊垮好不容易建立起來的自信心。

這些都只能靠事前一而再、再而三的模擬演練，來克服生澀與恐懼。第一次海報版面做出來，可以用磁鐵或膠帶固定在牆上，自己站在海報旁，彩排演練，從自我介紹、朗讀標題、逐一說明研究目的、方法、結果與結論，自己計時看看要花多少時間、過程中哪裡容易卡住吃螺絲、什麼地方寫得很順但說出來的時候怪怪的，都一個一個記錄下來。時間用太多，就要想哪裡可以再精簡一點；時間用太少，就要想哪裡可以再多說幾句。來來回回幾次之後，重新改版與製作海報好幾次也是常有的事情，不用敝帚自珍，請勇於改善。

　　如果改進幅度不大，大概是自己偵錯的能力有限了，這時候就可以邀請家人、同學跟指導老師來聽你的報告，請他們告訴你哪裡要精省一點，哪裡又思路跳躍太大需要多補充解釋。

　　你也可以主動提出自己卡關的地方，請他們建議改進的做法，請他們幫你注意是否與聽眾有眼神交流而非自說自話，請他們幫你看一下你是不是身體都擋住畫面妨礙觀眾閱讀，你的親朋好友善意的第二雙眼，都會是你絕佳的陪練員，不要小看在這個階段所花費的時間成本與收穫。

練習口頭報告時，家人、同學跟指導老師是絕佳的陪練員。

如何製作科學海報？

　　科學海報可不是藝文活動的宣傳海報，雖然只是一張海報紙，科學海報的內容仍然要包括：標題、研究動機、研究目的與文獻探討、研究流程方法與設備、研究結果與討論，以及參考文獻。同樣以 A0 版面內文用 30號字來估算，大概就是整份 10~30 頁的科學作品報告書濃縮成 1000~2000

字來表達，製作海報的過程對科學初學者來說，是一個很要緊的「講重點」練習。

在人來人往的開放空間展覽，一句吸引目光的標題，或是重要的研究理論示意圖，又或是清晰的研究結果圖片或方程關係式，都是製作海報要反覆思量的亮點所在。才能夠在遠處引起人們的好奇與興趣，而前來駐足、瀏覽和聆聽。

標題下得好，可以同時包含研究對象方法與結果應用，讓人一目了然。如果一味模仿廣告臺詞、或是耍弄雙關語，反而讓人一頭霧水。本以為可以故布迷陣提供豁然開朗的機會，卻不知在時間有限、求知若渴的科學交流場合，這類標題很容易是第一波被忽略的，也不太正經，更鮮為正式學術期刊論文所刊載使用。

有些學門領域特別欣賞研究者能夠將研究作品深入淺出，採用一張示意圖來表達研究成果，或是可以精煉簡潔表達出某一個複雜理論的核心概念，這時候一張極簡風格的示意圖很容易抓住與會者的目光。版面上盡量只有三種字體大小，標題、內文與圖說即可。

整個版面的配色要和諧，頂多兩到三個顏色，有時候可以搭配內容來選擇，坊間的應用軟體模板也會提供套色供初學者挑選。最後版面空間再怎麼有限，參考文獻絕對不能省。這是當作者暫時離開看板時，到訪的觀眾也能從你的文獻列表中找到可以基於本研究再進一步閱讀的方向，也是你說話有憑有據的擺明。

以下利用2021年諾貝爾物理獎得獎作品內容為例，示範一個科學海報的例子，提供給各位參考。

2021年諾貝爾物理獎首度頒給氣象研究

研究動機與目的

能用數學模型描述氣候變化中的確定性與機率性。

研究模型 首度同時考量能量傳遞跟質量傳遞。

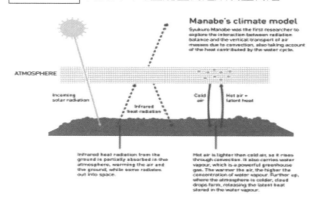

研究結果

如果是太陽輻射，
三條線不會交叉。
因為是二氧化碳，
所以結果符合預期。

研究結論

若只考慮自然因素，
模擬與實際不符；
同時納入自然跟人
為因素，模擬與真
實相符。故人為因
素不可忽略。

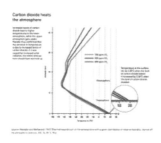

參考文獻

1.文獻一
2.文獻二
3.文獻三

如何準備簡報ppt？

簡報就是簡單扼要的報告，英文稱「power point」顧名思義要講有論證力量的要點，不重要的就別提了。

在網路時代，許多科學研討會交流活動，原本有提供口頭簡報形式的，都直接轉為線上分享簡報檔畫面搭配麥克風收音，同樣可以進行跨國跨時區的交流。

以2021年英特爾國際科技展覽會（Intel ISEF）報告為例，7分鐘的報告時間，需事先繳交至多12頁A4版面的簡報檔。

大會也規定：檔案不可以包含動畫、轉場、影片、背景配樂跟超連結，統一字體且限定三種號字，一般建議是標題採用32號字，內文使用22號字，圖說則用18號字。內容項目需包括：前言、研究方法非器材清單、研究結果、研究討論、結論與參考文獻。

簡報可以說是海報的再次濃縮，幾乎是列點說明，沒有段落。就算有段落，也建議一頁不要超過100字，更何況通常還有圖片跟數學方程式要呈現。它絕對不會是逐字稿，你也不應該照畫面上一字不漏的報讀。

簡報中應只提供關鍵字詞或關鍵句，所有的說明由你旁白口述補充解釋。每一個內容項目，大約只用1~3頁簡報來說明，或者是1~3張圖表來介紹。要在有限時間之內講完整個研究工作，需要難度很高的知識傳達訓練。更是考驗研究者，如何挑出最有價值的資訊來傳達。

注意也不要因為時間有限，就用兩倍語速說話，刻意在有限時間內塞入最多的話語。切記這是表與達，不能只有自己一吐為快就了結。要考慮到每一頁簡報檔的內容難易度，適時安排每一頁的停駐時間，以及口語提供足夠的先備知識，併呈畫面視覺資訊，每一頁彼此之間要有所連結與交代。先預告接下來要說什麼，才翻下一頁，先預測可能有的研究結果，再切下一個畫面。讓觀賞者感受到每一個訊息都在預期之中，合情合理，容易理解與接受。

簡報範例

以下為採用跟上述海報例子相同內容的簡報檔示例，提供大家參考。

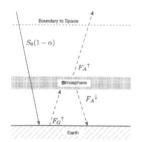

KUNGL.
VETENSKAPS
AKADEMIEN
THE ROYAL SWEDISH ACADEMY OF SCIENCES

THE NOBEL PRIZE IN PHYSICS 2021

POPULAR SCIENCE BACKGROUND

前言

- 確定二氧化碳所扮演的角色。

- 自然環境的二氧化碳含量自 1958年到2021年，持續增加。

- 眾多溫室效應氣體中，這是人為刻意排放，且溫室效應劇烈的氣體成分。

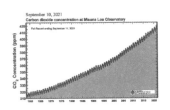

FIG. 4. The Keeling Curve, named after the late Charles Keeling who began the monitoring program. The curve shows monthly mean CO_2 concentration from Mauna Loa, 1958-2021. (Data from Scripps Institution of Oceanography; https://keelingcurve.ucsd.edu.)

3

KUNGL.
VETENSKAPS
AKADEMIEN
THE ROYAL SWEDISH ACADEMY OF SCIENCES

THE NOBEL PRIZE IN PHYSICS 2021

POPULAR SCIENCE BACKGROUND

研究方法

- 建立二氧化碳影響模型，又稱輻射對流模式。

- 空氣中含有水蒸氣，透過熱空氣對流上升，將水蒸氣攜至高空。待水氣液化成水放出凝結熱，又再加熱大氣層。

- 此模型將水循環的熱量貢獻也納入原本輻射模型當中。

4

研究成果

- 證明二氧化碳加熱大氣層。
- 藉由虛擬低層大氣中不同二氧化碳濃度，所得出的氣溫分布曲線來驗證。
- 若氣溫增加只受太陽輻射增強影響，整層氣溫分布曲線將隨二氧化碳濃度增加而增加，不會有高低層加熱效果不同之曲線交叉的情況。曲線交叉得證，暖化不單純由太陽輻射所主導。

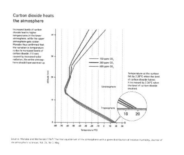

5

研究討論

- 氣候具有混沌效應。
- 氣象物理過程使用非線性方程式描述。

$$\frac{dX}{dt} = \sigma(Y - X),$$
$$\frac{dY}{dt} = X(Ra - Z) - Y \qquad \text{and}$$
$$\frac{dZ}{dt} = XY - \beta Z,$$

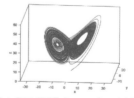

FIG. 1. Plot in (X, Y, Z) phase space of numerical simulation of a circuit version of Lorenz system at $(\sigma, \beta, Ra) = (10, 8/3, 33.5)$, from Weady et al. (2018).

- 初始位置的微小差異，差異將隨時間放大，如右圖所示。長期氣候預報似乎無法實現。

6

KUNGL.
VETENSKAPS-
AKADEMIEN
THE ROYAL SWEDISH ACADEMY OF SCIENCES

THE NOBEL PRIZE IN PHYSICS 2021

POPULAR SCIENCE BACKGROUND

研究討論

- 雜訊的價值。
- 氣象是短時間的變化,而氣候是長時間的變化。將不同時間長短的變因當橫軸,溫度變化當縱軸,做頻率影響程度的分析。
- 可將快速變化因素當成雜訊暫不處理,將影響力最大的變因深入分析。
- 能夠分別探討不同變因對溫度的影響程度。

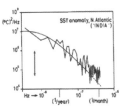

FIG. 6. The first application of the Hasselmann stochastic model [42] for climate variability to climate data [26]. The spectrum of the Sea Surface Temperature (SST) in the period 1949-1964 in the North Atlantic. The 95% confidence interval is given by the double headed arrow and $\Lambda^{-1} = 4.5$ months.

7

KUNGL.
VETENSKAPS-
AKADEMIEN
THE ROYAL SWEDISH ACADEMY OF SCIENCES

THE NOBEL PRIZE IN PHYSICS 2021

POPULAR SCIENCE BACKGROUND

研究結論

- 人類影響的痕跡。

- 由頻譜分析,確認每個因素對氣溫的影響力。

- 藍色只考慮自然因素,橘色同時考慮自然與人為因素,黑色為氣溫觀測。可見人為因素不可忽略。

Identifying fingerprints in the climate

Klaus Hasselmann developed methods for distinguishing between natural and human causes (fingerprints) of atmospheric heating. Comparison between changes in the mean temperature in relation to the average for 1901-1950 (°C).

— Observations
— Calculations that show the effect of only natural sources, such as volcanic eruptions
— Calculations of the effect of both natural and human sources
  Volcanic eruptions

Santa Maria   Agung   El Chichón   Pinatubo

Source: Hegerl and Zwiers (2011) Use of models in detection & attribution of climate change. WIREs Climate Change.

8

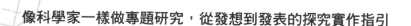

參考文獻

Kungliga Vetenskapsak Ademien (2021). *The Nobel Prize in Physics 2021 Popular Science Background.*
https://www.nobelprize.org/uploads/2021/10/popular-physicsprize2021.pdf?fbclid=IwAR19crJSf3fh7qrV-KtW6RrObh9WwJI2F-NtsSt-Cbsvj-7SbjAI1li9F5U

Kungliga Vetenskapsak Ademien (2021). *FOR GROUNDBREAKING CONTRIBUTIONS TO OUR UNDERSTANDING OF COMPLEX PHYSICAL SYSTEMS.* https://www.nobelprize.org/uploads/2021/10/advanced-physicsprize2021.pdf?fbclid=IwAR2TZ4-IdnhXQJ63mmbXqF48A8ONy8wznyTUiMOkmolTM2skPiBevo6hGJg

9

　　是不是發現第5跟第7頁，文字太多、版面太擠了呢？目前總頁數是9頁，或許可以選擇將原本的兩頁，拆成四頁來呈現。

　　簡報檔最後一頁，參考文獻是製作本單元所舉海報例子跟簡報檔例子的根據，分別濃縮自頁數9頁與17頁的英文原文說明文字檔。

　　第一次先求能夠把原有的作品說明書內文或海報，挑出要放入簡報檔的素材。再求自我練習將整件事情的來龍去脈說一遍，看看需要多少時間，再來增刪。

　　緊張的時候，有些人容易講話太快，提早結束，這樣不行，得要用滿所有的時間，調整情緒再試。什麼都想講、難以割捨的人，則常有超時的狀況出現。可以多講給同學聽，你會發現不需交代那麼多細節，他人也可以理解。也講給指導老師聽，老師可以幫你留住精華，避免搞錯輕重，刪減過了頭。

如何準備口頭報告

不曉得你有沒有發現，口頭報告跟簡報檔準備，是同時進行的。在你聆聽的課堂過程與參與演講經驗當中，一定見識過很多不同的口語報告風格。

有些為時兩個鐘頭的演講，卻準備100張投影片，那可能是個藝術鑑賞的場合。有的投影片只有字，沒有圖。但自然科學競賽常見的規定格式為：在10分鐘、僅個位數聽眾或評審之高專注力要求下，一張投影片大約搭配1分鐘口語講解，經驗上比較理想。

一般來說，封面標題頁與參考文獻頁所花的秒數比較少，然後一頁要給足夠秒數的觀眾視覺停留時間。不過如果是數十分鐘的講述，可能會變成是3~5分鐘講一張簡報檔頁面。這跟即席演講的概念類似。聽眾人數越多，語速要越慢。

如果你的研究成果份量不多，當然就是慢慢講，把時間用完。圖片名稱、橫坐標、縱座標介紹一下，再談圖內資訊；表格名稱、欄與列都說明，再說資料規律；方程式可以每一個未知變數所代表的物理量跟單位都交代，再談關係式內涵，四平八穩也可以把內容說完。比賽場合的評審大多會讓你好好把報告講完，不用妄自菲薄、自亂陣腳。

如果研究份量很多，簡報檔就扮演口語說不清楚的必要工作。重點是同時吸引聽眾視覺與聽覺的全方位注意力。

圖片要清楚凸顯重點，不論是加粗線條或是選擇適當的對比色，圖名、座標軸物理量含單位跟圖例兼備，口頭只講由圖中看到的規律、顯著差異或特徵。

通常圖片的視覺效果比表格強，這時候就不建議放表格帶看，因為太浪費時間。關係式也是該介紹的全部放在投影片畫面中，口語只說最顯著的關係。

文獻回顧重點，放在與前人研究工作的主要差異；實驗方法說明，強

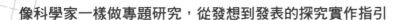

調本研究的創意跟突破過去不足與限制之所在；研究討論則要能深入剖析又簡潔帶出，讓人們自然而然做出具有科學價值的結論。

簡報檔畫面，只是大家心中豁然開朗後所見之視覺文字化而已。如果你知道自己刪掉多少放不進簡報檔的內容，你就要盡量想辦法藉由口語過程填補回去。

口頭報告的主控權在報告者，一定是聲音先出來，才秀出畫面，不要讓畫面為主、觀眾自己看，而你成為可有可無的第三者。

用聲線決定聽眾的思路，如果研究份量少，口說講稿可以幾乎都與簡報檔內容重疊，如果研究份量多且時間有限，口說講稿就要跟簡報檔畫面去互補配合支援。

事先準備絕對是流暢表現的不二法門，專有名詞的念法、使用日常用語解說的時間、使用專業術語加快語速的時機、邏輯推論的嚴謹、資料詮釋的支持程度、陳述研究觀點面臨的挑戰、表達研究成果的貢獻等等都能在一次次演練中找到最佳作法。

好好擬講稿，一回生、二回熟，時間就能掌握在自己手上，別忘記你應該是全宇宙最了解自己研究內容的人。

剛開始練習時，可以自己錄音錄影，觀看回放自我修正，如眼神飄移或口頭禪贅字的缺點。之後，再講給指導老師跟同儕夥伴聽，他們可以給你增加你個人特質優勢的建議，也能協助你找到推論中的缺漏以茲補強，也可以幫你沙盤演練可能會遇到的提問。

如何與評審、教授對話，回答提問？

世上最難預測的就是人心。科展競賽或是科學獎助計畫審查的會場會遇到的評審教授，大抵可依賽制或活動性質分為兩大類：選拔選手者、最終給獎者。

如果是校內科展、縣市科展、臺灣區國際科展，因為接下來都還要挑

戰更大的科學競技殿堂，重點會放在作品的創意與後續發展性，作者本人的積極投入跟研究爆發力。所謂危機就是轉機，要能夠快狠準診斷自己目前的盲點跟可能的突破方向，之後才有大躍進的展望可期。

通常對你有所期待的評審，批判的力道會很強，要逼出你的腎上腺激素、抗壓力跟論理技能。他們會逼問你還要給你多少時間可以補出目前尚缺的實驗跟數據？評估你對實驗的難易度掌握度有多準確。會質問你目前的做法有誰也使用過？你有沒有去了解？測驗你的文獻回顧與閱讀廣度是否足夠，有沒有引用到重要的經典文獻，特別是你的參考文獻列得不夠精彩時。會拷問你憑什麼說你的方式比其他人的方式更好？定量評估標準在哪裡？看看你能否提出能說服人的科學價值評估作法。

雖然每一個孕育十數個月的作品都像自己的延伸，但千萬不要把對作品的挑剔當作是針對你人格的抹煞。不要把每一個提問當成是攻擊跟威脅。要把評審教授當成空降教練，他可以指出我們的當局者迷，鞭策我們突飛猛進，任何一個不足，都是下一個可以更好的地方。

對十幾歲的你而言，這當然是一點也不容易的事情。平時出門前，要多模擬賽局。衝突危機遇多了，才稱得上經過大風大浪的成熟人。

大家都是苦守寒窗、潛心研究的，如果是最後的給獎階段。評審多半像和藹鄰家長輩，問你最喜歡研究的哪個部分？總共花了多少時間？喜歡這個科學領域嗎？最印象深刻的學習是哪個方面？有時候你報告時間沒掌握好，講不太清楚完整的，還讓你用問答時間，把結論重整再說一次，或再次交代一下實驗流程。這是科學界呵護培育年輕人才的方式。這些都是要讓你知道，你做得很棒！

若是你能夠自我抽離，就會懂得借力使力的道理。任何問題聽完，都先承接下來：「謝謝您的問題」。用自己的理解再說一次：「您的意思是說……是嗎？」

如果你事前就準備好，就深吸一口氣後，好好地完整回答。如果你很

疑惑，就說：「我還不太確定要怎麼解決，但是就我對這件事的了解，我依據……我猜測……是我下一步會先去測試的解決方式。」如果你不認同，就說：「我會選擇先從……觀點來看待，因為………。」

後面兩者情況，如果評審不滿意，或是認為你搞錯重點，通常他還會再追問：「但是……不過……」。你就再一次承接追問，再一次轉述確認提問點。

真的回答不了時，就大方承認自己目前毫無頭緒或沒有解決辦法。願意跟你討論的教授，或許會場邊指導你。或者就是趕快把所有被問到，不論自以為會答還是不會答的問題跟回覆都記錄下來，回來跟老師討論。終身學習，精進與探究鑽研不會停在比賽的那一天。總會有收穫。

對你有期待的評審，有時批判力道會更強，這時更要虛心、不卑不亢回應。

小試身手

試擬 10~15 分鐘（或適當時間）口頭報告大綱。

諾貝爾獎每年 10 月陸續頒發，都會公布作品得獎意義的民眾版文字檔，它們都是絕佳的文獻回顧範例，非常值得學習。

《科學月刊》雜誌每一年 12 月都會將之中文化，發行諾貝爾獎特輯。可以從生物醫學獎、化學獎跟物理獎報導文章任選出發，自己挑出重點並改寫為 12~15 頁的簡報檔，自己講講看，講給別人聽聽看。說不定講出興趣來，你還可以開一個 youtube 頻道來介紹歷屆作品。

回顧近年諾貝爾物理學獎：

#2020年｜黑洞形成 以及銀河系中心的大質量緻密天體
#2019年｜史上第一位獲頒諾貝爾獎的理論宇宙學家
#2018年｜首次發現環繞太陽型恆星的系外行星

心得筆記

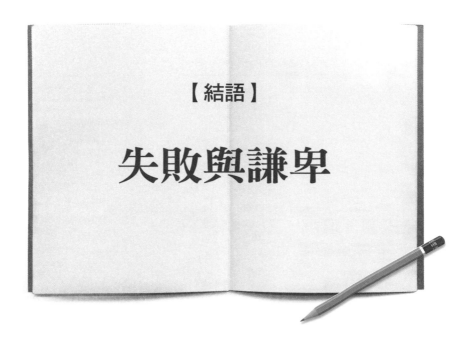

Struggling is the only way to learn something new.

Be proud of struggling since that means that you are already on your way to learning something new.

Be proud of doing challenging problems and pat yourself on the back.

by Professor
Chandralekha Singh

（掙扎是邁向學習新知的唯一道路。如果你正身陷泥沼之中，你應該深感驕傲，因為那代表著你已經踏上學習新知的康莊大道了。能處理挑戰性議題是值得驕傲的。記得給自己拍拍背、鼓鼓掌。）

　　這是美國匹茲堡大學物理及天文學系教授在 2021 年七月份的一次演講中，跟與會者分享的幾句話。

　　希望大家明白，學習路上灰頭土臉是再正常不過的事情，就像在偉大航道上拚搏的海盜臉上有刀疤一般自然。我們能不能更進一步超脫、去欣然接受每個苦思掙扎那個當下的自己呢？或者至少事後回頭看，要感激那些曾經失敗的教訓，及其賜與我們的人生啟示。世界各個角落也都有正在努力、跨越失敗的人，你一點也不寂寞。

研究是漫長、單調、辛苦的過程

　　如果學習一件事物毫不費力，很有可能是你本來就會了，根本稱不上是學會；又或者只是一些零碎的知識，只是以往沒有聽過而已，聽過了就知道了，不需要絞盡腦汁、耗神費勁去習得。

　　雖然有些超現實，如果撇開升學的壓力。你還有勇氣敢找苦頭吃嗎？或許你想抱著一種吃得苦中苦，有一天可以換得成為人上人的榮耀。然而人算常常不如天算，在中學經歷一段專題研究，或許真的可以學到一點做實驗與做研究的方法跟精神，就像是怎麼去找到一個可以研究的題目、想出研究的方法；還有態度上，例如當覺得很煩、很累的時候，常常要一而再、再而三地自我喊話不能放棄。意料之外的收穫是往往在這些愁苦孤寂、沒人聞問的時日裡，漸漸產生一種堅持的精神。

　　一般高中生沒有做研究的經驗，誤以為大學教授與研究機構裡的專家，是生來就很厲害，只要擬出了一個題目持續做，自然就會做出一個很棒的結果。

　　可是當你自己實際走一遭、做過研究之後就會明白，這個過程沒那麼簡單，是很漫長的。當你理解到專業人士都走過這個過程，你會更加成熟，看待成功這件事不會躁進與輕率，有了一些成就也就不會輕易拿去四處炫耀。

更重要的是，因為在過程中你每一步都須經過虛心求知、深沉苦思、解決困境、拿捏取捨、輕重判斷，於是你的內心生長出一種踏實的自我肯定，不需要再從他人身上獲得稱讚。

研究是漫長、辛苦的路程，但走過必會有所收穫。

世界上沒有保證成功的科學研究

如果問成功人士在學生時代最不可或缺的養分什麼？有人會說「失敗的經驗」。又若再問成功之後的人士缺乏什麼？答案可能是「謙卑的態度」。

教育在某種層面上，是極具風險的行業，沒人保證這樣說、那樣教，到底對學生的未來是好還是壞，只能夠依照理論、根據經驗、秉著良心前行。

對於天生資質不錯的人，老師有時反而要刻意製造失敗的經驗，或者要用力鼓勵其勇於挑戰一次又一次突破，才知道自己的極限到哪裡，成長

與學習，就是在這樣的跌跌撞撞中發生的。

回到科學研究本身，我們都在試圖找出一個大自然運作的模式，嘔心瀝血用我們的語言試圖貼近並詮釋這世間運作的機制。有沒有可能犯錯？那機率是超大的。不然怎麼會說「失敗為成功之母」呢？

以前有人說過一個笑話：「如果外星人來造訪地球，可能會發現地表上主要的生命是車子，而有一種叫做人的寄生蟲，總是上車又下車，跟著車子在地表動來動去。」如果出發點或是定義問題的方向錯誤了，就會得出愚蠢可笑的結果。但這也是修改再導向正確的起點。一開始如果是矇對的話，你不會知道自己是怎麼做對了的。

就在不遠的100多年前，有位叫韋格納的人，發現東邊一塊大陸地層存在一種獨特不會游泳的生物化石，結果一次旅遊竟然發現西邊的另一塊大陸地層中也存在那種不會游泳的生物化石，地層的形成年代差不多。

接著，他又發現東邊大陸的西海岸線一凹一凸，而西邊大陸的東海岸線一凸一凹，好似拼圖的邊緣。韋格納假設這兩塊大陸很久以前是拼在一塊兒的，後來再漂移分開的。但他無法說服跟他同時代的人們，除了他提不出是什麼巨大的力量可以推動大陸之外，他總是挑有利他論點的證據來說明，對於其他人提出的反例不予理會，也沒有在辯論方面去作到能破能立。你認為提出大陸漂移學說的韋格納，他的研究是成功還是失敗呢？

又過了幾十年，人類建造的潛水艇，對海水面下的地質構造、海底火山岩漿噴發，有了更多的了解，發現或許已故的韋格納在想法上不會太天真，只是要換個方式描述，應該要說是兩個大陸中間的海底盆地在擴張，撐開了兩個大陸之間的距離，那是海底擴張學說的提出。你認為這個學說成功了嗎？

不論是哪個學說，它們現在都是板塊構造學說的開胃菜，是介紹板塊構造學說登臺前的暖場。冷戰時期，因需監控對方陣營核武發展的程度，隨之發展的「全球地震網」，告訴我們地表是由一塊一塊剛性板塊所拼接的，邊界處有許多地球內部的能量釋放出來，所展現的形式可能是火山噴

發，也可能是山脈隆起，但大多伴隨大大小小的地震發生。

板塊構造學說是真理嗎？它算是成功的研究結果嗎？科學家很不容易滿足，他們總是謙卑又保守地說：這還只是一個學說，只不過它可以合理解釋大部分的現狀，能夠頗為準確的預測未來。目前看來還算是堪用的學說。但是我們也不能忽視例外的存在，就像坐落在太平洋板塊中央的夏威夷火山群島，它們的形成原因就無法使用板塊構造學說來解釋。

你發現了嗎？科學家就算每一句話都是依據鐵一般的證據，講出來的話還是非常謹慎、不武斷，永遠保留其他可能性，謙卑大智才若愚。你追求的成功研究，是什麼呢？是提出一個無懈可擊的理論？如果達到就停止研究了？希望不要！

研究遇到瓶頸時，該怎麼面對、解決？

研究遇到的瓶頸，各式各樣。可能是看了一批又一批的文章，還是找不到一個可以執行的實驗研究題目，不知道還要不要繼續看下去，或者先拿課本裡面的實驗來做一做，假裝自己有動手有事做，但其實內心可能也在期待能不能從舊實驗流程中產生新的研究點子。

也可能是學習寫程式處理資料，但是有很多程式無法執行的問題，寫程式的經驗太少，無法自己偵錯，一個問題才解決，又因為改變作法而衍生出其他十個錯誤訊息，改錯改到懷疑人生，似乎越改越錯，而所謂科學的結果和有意義的資訊，更是遙遙無期。

又或者是產生了很多各式各樣的圖表，這裡有一點點端倪，那邊有一些些差別，但是好像沒有顯著差異，也談不上什麼科學突破，對師長來說更是合理的結果，沒有驚喜，不知道這樣該怎麼下筆寫研究結論。

師長們都一再叮嚀，學生藉由學習專題研究的課程，可以獲得培養獨立思考的能力、發現問題的眼光、以研究來改善事物的習慣，設計實驗來蒐集數據並加以分析歸納出原則，大量閱讀刺激下建立有效學習的策略，

選用適當的圖表、文字以及語言來分享自己的看法，以上種種都是未來能保有競爭優勢的關鍵能力。如果你也能有這樣的篤定與信心，每一份苦，都不會白費，就先傻傻的做下去。

還好我們夠忙碌，除了研究，還有課業、交友以及生活。有時候如果影響一件事情進展的因素太多，或是我們還沒有掌握到要領，有一招叫做「事緩則圓」。由於不見得是我們不夠努力所以衝不過瓶頸，或許得要有人從旁加熱一下瓶身，讓窄窄的瓶口受熱膨脹，我們就過去了。

如果熱源可以期待，那麼我們只有等待。如果是我們太自我膨脹，那麼就要自我收斂以通過狹境。旁觀者清，當局者誤。多去跟旁邊的親朋好友聚一聚，吐吐苦水也好，隨意聊聊過去做的嘗試跟遇到的困境，又或者偶爾充當別人的垃圾桶。有時候別人的一席話，可以給我們靈機一動的啟發，又或者有時候我們勸別人的一句話，或是爬梳所做過的事情，可以回來幫助我們自己突破盲點和發現遺珠。

跨領域合作與激盪，也常常是在茶水間或飯桌上發生的。大自然本身是不分科的，我們在一個領域待久了，思考問題的方式可能很有效率，但也可能過於僵化與固著，以至於百思不得其解，旁通的觸類有時候真的很巧妙。至少你不用一直面對自己面前的那一堵牆思過，去旁邊呼吸一下新鮮空氣，再回來看是要鑿牆還是開窗，再說。

心中帶著困擾的研究者，可能還是會繼續閱讀論文，看看別人是怎麼解決同領域的科學問題，持續去參加研討會或科學展覽，與同行交流最新研究技術與理論發展。或許最新熱門的科技，就是緩解瓶頸的那股熱流。

地球仍然在轉動，不要閉門造車，多出去走走四處看看。三人行必有我師，教與學互為相長。有句真理是：你不會忘記你的問題。而研究也不會是人生的全部。

如何看待不盡如人意的競賽結果？

你可以先問一問自己，為什麼要參加科展競賽。不妨先看一看全國中小學科展辦理的宗旨是什麼：

為提高全民科學素養，輔導中、小學校推行科學教育，特訂定「中華民國中小學科學展覽會實施要點」。

宗　旨

（一）激發學生對科學研習之興趣與獨立研究之潛能。

（二）提高學生對科學之思考力、創造力，與技術創新能力。

（三）培養學生對科學之正確觀念及態度。

（四）增進師生研習科學機會，倡導中小學科學研究風氣。

（五）改進中小學科學教學方法及增進教學效果。

（六）促使社會大眾重視科學研究，普及科學知識，發揚科學精　　　神，協助科學教育之發展。

擅長使用激將法的人或許會聲稱：「參加比賽，當然是要得獎的啊！」這固然有激起鬥志、振作精神的效果，但也有太過強調得失的危機，身為念茲在茲要培育科學幼苗的老師，這種話都要小心拿捏。

或許你會嘲笑什麼志在參加不在得名，只是事後安慰的說詞。那麼我們可以回想奧運跟世大運，選手們常說的一句「讓自己被看見」，某種程度來說規律苦練的運動員跟潛心研究的人，都有相似之處。不要只想著自己的過人一等被看見，要想著自己的高超技巧，不論是研究所得的成果還是運動競技表現要被看見，被看見的是努力後的能力展現，要被看見的是科學之思考力、創造力，與技術創新能力。

你如何透過文獻回顧展現出穿透前人智慧結晶的思考力，你如何發揮

創造力，擬定一個有科學價值的研究題目，你如何藉由實驗設計去展現技術創新能力，你的科學作品如何呈現出你專題研究的潛能跟興趣。對得起自己，又一身本事，何來不如意呢？

小論文可以展現出這段美好的脈絡，而有機會在科展現場介紹作品的時候，請你一定要把一路走來的歷程交代出來，真正打動人的是情節，是劇情，不是結局。不要忘記科學研究的成果要發表分享，讓更多有志之士可以共享，你我也才有機會貢獻己力，讓人類整體的智慧結晶成簇。請記得，你是去參加展覽會，展現自我，讓人看見，沒有得失心。

被教授問得滿頭包，代表我被否定嗎？

沒有找出預期答案、沒有達到實驗目標，是否就代表研究沒有價值？

單元6曾提醒過，我們很容易把作品當成自我的延伸，這其實是很危險的事情。因為在展覽現場，就容易營造出一種把自我放在秤臺上任人評價的場景，這其實是不需要的。你是你，作品是作品，作品可以彰顯你的能力，但作品被挑剔，不是針對你人格的嫌棄。

遇到批評會沮喪、憤怒，這是人之常情。但不要把提問當成是攻擊跟威脅，憤怒下是無法理性思考的。你得問你自己：我所為何來？要把評審教授當成空降教練，他可以鞭策我們突飛猛進，任何一個不足，都是下一個可以更好的地方。你是為了成為一個更好的自己，才來走這一遭的。

沒有找出預期答案，是否就代表研究沒有價值？有時候是你太小看自己，自以為作品已經找到答案了。但教授評審一直「釘」你？因為他們看到了你更大的未來發展性，又或者研究本身很有創意，但是還不夠嚴謹。

他們知道你自己還未察覺，怎麼點醒你呢？會逼問你還要給你多少時間可以補出目前尚缺的實驗跟數據？傻孩子就會以為自己做得不夠好，眼淚就不爭氣地流下來了。

沒有達到實驗目標，是否就代表研究沒有價值？如果你認為沒有達到

預期的實驗目標，你根本不會去參加展覽。要怎麼凸顯研究的價值？要能夠說服其他人，這個實驗很困難，所以能做得出來是很了不起的事情。如果你不知道自己的價值，通常評審批判的力道會很強，要逼出你的戰鬥魂，要鍛鍊出你對實驗難易度的精確掌握力。因為接下來都還要挑戰更大的科學競技殿堂，重點會放在作者本人的積極投入跟研究爆發力。

如果你根本不是個科學人才，評審可能聽完你的報告之後，就是「謝謝，辛苦了，再加油喔！」一根直指核心的猛箭，都不會射出來。你也聽不到任何建設性的建議。人們不會浪費時間在不看好的人身上。

你還年輕，做完一個研究，不能把自己的心態視為去領終身成就獎的，一心只是想要去贏得掌聲與喝采的。人生到此就畫下句點，未免太早了吧！

研究的樂趣與收穫

我們先聽聽三個其他人的故事。

阿雅疑惑地問：老師，我就一直看書看論文嗎？一段時日之後，漸漸在論文的知識中獲得了滋養，有一天阿雅竟然會說：我想趕快先看完這61頁的論文再跟老師討論。能看論文看到津津有味，表示她找到研究過程的趣味了。

剛找到大學教授願意進一步指導後，阿雅還抱怨臺北到中壢遙遠又不便；到後來一週連著兩天都跑中壢，每週阿雅都說還要再去，在大學實驗室博士人員的指導中獲得了成長，讀論文若渴，學會了一種程式語言，表示她明白了實驗室的確是產生結果的場域，疑惑釐清以及知識支援的就近取得，每一次都能給她滿滿的成長，發現了追逐的重心，明白了在前人的加持之下，付出一點點奔波，根本不足掛齒。

許多高中學生，一路以來在學習經歷上沒有遭遇過太過重大的失敗。對於學霸型小雲同學來講，找不到研究題目、遍尋不及適合的探究方法，

長期與這些不確定感共處，沒有分數上獎項上的肯定，連一絲絲研究路上的篤定感都沒有，十分的挫折。

透過專題研究課程，跟教授多次書信往返與偶爾面授機宜，她漸漸察覺到教授也是人，也會需要與不確定共處，是承受著、耐受著科學苦頭的成年人。她明白大家都是科學同路人，卻態度謙卑，於是她也長出了堅韌毅力。有些成功不是一蹴可及，也不只靠聰明，不必驕傲。

臻臻同學分享參加科展競賽過程中的點滴。從撰寫報告書開始，每一天改好一個版本，都可以被阿茜師指出錯誤，天天改天天仍出錯，是一挫敗。

誤以為科學展覽報告是活動宣傳海報，即使熬夜做出來，仍被師長大幅度修改，也是挫敗。但已經可以越挫越勇，三天後改出能見人的版本。即便一路從校內賽過關斬將到臺北市賽，再挺進全國賽，在全國比賽第一天仍被評審教授問得滿頭包，還是很挫敗。

不過已經練就即刻痛定思痛，能夠在一夜之間，被阿茜師一修再修口說過後，隔天複審得到全國第一名，獲獎後說出功歸眾多師長一路的琢磨，也才謙虛地說自己似乎對研究主題有了更多的認識，以及從中獲得許多的樂趣。吃過越多苦的強者，說出來的話越謙遜。

從前面幾個單元的閱讀你會發現，當開始進入確定研究方法與蒐集數據後，產出圖表的詮釋與相關理論的探討，有時阿茜師也是引入外部高等教育資源來協助高中學生進行研究。過程中，我們多讀了很多英文原文，認識了某種資料庫結構與格式，又學會了一種新的程式語言。重點是同學們有了使用非母語的勇氣，探索未知的勇氣，當一介高中生走過一段很少人走過的路，其實也希望鼓舞其他想在中學階段做研究的同學們，這一切是有方法、有策略進路，是可行的。

科學的成果要對社會有貢獻，是阿茜師比較入世的想法。然而研究成果要為人使用之前，必須要向他人說明研究的價值與重要性，要能用深入

淺出的方式來表達，如果有機會參與成果發表會，或者在競賽會場向來賓與評審解說，都是難能可貴的經驗。

　　人都只有一次青春，身為老師，絕對不是刻意要設計課程來挫學生的銳氣，或者貶抑你們的自信心。師生並肩走一段研究之路，用成熟人的眼光看待世間，累積能力，也長出了謙卑心，這是阿茜師期待的教學效果。

國家圖書館出版品預行編目資料

像科學家一樣做專題研究 / 楊善茜 著. -- 初版. -- 臺北市：商周出版，
英屬蓋曼群島商家庭傳媒股份有限公司城邦分公司發行, 2022.01
　面：　公分. --
　ISBN 978-626-318-123-6（平裝）

1.中等教育　2.自然科　3.研究方法　4.寫作法

524.46　　　　　　　　　　　　　　　　　　　110021648

像科學家一樣做專題研究

作　　　　者／楊善茜
責 任 編 輯／梁燕樵

版　　　　權／黃淑敏、林易萱
行 銷 業 務／周佑潔、周丹蘋、賴正祐
總 編 輯／楊如玉
總 經 理／彭之琬
事業群總經理／黃淑貞
發 行 人／何飛鵬
法 律 顧 問／元禾法律事務所　王子文律師
出　　　　版／商周出版
　　　　　　　城邦文化事業股份有限公司
　　　　　　　臺北市中山區民生東路二段141號9樓
　　　　　　　電話：(02) 2500-7008 傳眞：(02) 2500-7759
　　　　　　　E-mail：bwp.service@cite.com.tw
　　　　　　　Blog：http://bwp25007008.pixnet.net/blog
發　　　　行／英屬蓋曼群島商家庭傳媒股份有限公司城邦分公司
　　　　　　　臺北市中山區民生東路二段141號2樓
　　　　　　　書虫客服服務專線：(02) 2500-7718・(02) 2500-7719
　　　　　　　24小時傳眞服務：(02) 2500-1990・(02) 2500-1991
　　　　　　　服務時間：週一至週五上午09:30-12:00；下午13:30-17:00
　　　　　　　郵撥帳號：19863813　戶名：書虫股份有限公司
　　　　　　　讀者服務信箱E-mail：service@readingclub.com.tw
　　　　　　　歡迎光臨城邦讀書花園 網址：www.cite.com.tw
香 港 發 行 所／城邦（香港）出版集團有限公司
　　　　　　　香港九龍九龍城土瓜灣道86號順聯工業大廈6樓A室
　　　　　　　電話：(852) 2508-6231　傳眞：(852) 2578-9337
　　　　　　　E-mail：hkcite@biznetvigator.com
馬 新 發 行 所／城邦（馬新）出版集團【Cité (M) Sdn. Bhd】
　　　　　　　41, Jalan Radin Anum, Bandar Baru Sri Petaling,
　　　　　　　57000 Kuala Lumpur, Malaysia
　　　　　　　電話：(603) 9057-8822　傳眞：(603) 9057-6622
　　　　　　　Email：cite@cite.com.my

封 面 設 計／李東記
插 畫 製 圖／柯欽耀、鍾瑩芳
排　　　　版／新鑫電腦排版工作室
印　　　　刷／高典印刷有限公司
經 銷 商／聯合發行股份有限公司
　　　　　　　電話：(02) 2917-8022　傳眞：(02) 2911-0053
　　　　　　　地址：新北市231新店區寶橋路235巷6弄6號2樓

■2022年1月初版1刷
■2023年12月26日初版1.8刷

定價　340 元

Printed in Taiwan

城邦讀書花園
www.cite.com.tw

廣　告　回　函
北區郵政管理登記證
台北廣字第000791號
郵資已付，免貼郵票

104台北市民生東路二段141號2樓

英屬蓋曼群島商家庭傳媒股份有限公司　城邦分公司

- -

請沿虛線對摺，謝謝！

| 書號：BO6036 | 書名：像科學家一樣做專題研究 | 編碼： |

讀者回函卡

感謝您購買我們出版的書籍！請費心填寫此回函卡，我們將不定期寄上城邦集團最新的出版訊息。

線上版讀者回函卡

姓名：＿＿＿＿＿＿＿＿＿＿＿＿＿＿＿＿＿＿　性別：□男　□女

生日：西元＿＿＿＿＿＿年＿＿＿＿＿＿月＿＿＿＿＿＿日

地址：＿＿＿＿＿＿＿＿＿＿＿＿＿＿＿＿＿＿＿＿＿＿＿＿＿＿

聯絡電話：＿＿＿＿＿＿＿＿＿＿＿　傳真：＿＿＿＿＿＿＿＿＿

E-mail ：

學歷：□ 1. 小學 □ 2. 國中 □ 3. 高中 □ 4. 大學 □ 5. 研究所以上

職業：□ 1. 學生 □ 2. 軍公教 □ 3. 服務 □ 4. 金融 □ 5. 製造 □ 6. 資訊

　　　□ 7. 傳播 □ 8. 自由業 □ 9. 農漁牧 □ 10. 家管 □ 11. 退休

　　　□ 12. 其他＿＿＿＿＿＿＿＿＿＿＿＿＿＿＿＿＿＿＿＿＿

您從何種方式得知本書消息？

　　　□ 1. 書店 □ 2. 網路 □ 3. 報紙 □ 4. 雜誌 □ 5. 廣播 □ 6. 電視

　　　□ 7. 親友推薦 □ 8. 其他＿＿＿＿＿＿＿＿＿＿＿＿＿＿

您通常以何種方式購書？

　　　□ 1. 書店 □ 2. 網路 □ 3. 傳真訂購 □ 4. 郵局劃撥 □ 5. 其他＿＿＿

您喜歡閱讀那些類別的書籍？

　　　□ 1. 財經商業 □ 2. 自然科學 □ 3. 歷史 □ 4. 法律 □ 5. 文學

　　　□ 6. 休閒旅遊 □ 7. 小說 □ 8. 人物傳記 □ 9. 生活、勵志 □ 10. 其他

對我們的建議：＿＿＿＿＿＿＿＿＿＿＿＿＿＿＿＿＿＿＿＿＿＿＿

＿＿＿＿＿＿＿＿＿＿＿＿＿＿＿＿＿＿＿＿＿＿＿＿＿＿＿＿＿＿

＿＿＿＿＿＿＿＿＿＿＿＿＿＿＿＿＿＿＿＿＿＿＿＿＿＿＿＿＿＿